DIETARIO ESPIRITUAL

Federico Oliver Vega

Título original: *Dietario espiritual*

Primera edición: Diciembre 2017

www.editorialkolima.com

Autor: Federico Oliver Vega
Dirección editorial: Marta Prieto Asirón
Maquetación de cubierta: Sergio Santos
Maquetación: Sergio Santos
Colaboradores: Miriam Rico

ISBN: 978-84-16994-53-3

Dedicado a los que buscan

PROLOGO

En el camino de la vida uno se encuentra a veces con un sabio. He conocido muy pocos, y cuando llegó a mis manos la obra de Federico, comencé a explorar el Cosmos del mismo modo que lo hicieron los antiguos cabalistas. Exclamé en mi interior: ¡He encontrado algo muy valioso!

Mi amigo Federico Oliver Vega será valorado como un escritor místico español, porque su luz proviene de las mismas tierras por donde caminaron San Juan de la Cruz y Santa Teresa, y por los mismos paisajes ibéricos que percibieron la inmensidad del Universo de la mano de Moisés de León y los sabios medievales.

Escribo estas líneas con un corazón lleno de felicidad, con una paz interior alcanzada por la luz divina, porque las palabras de Federico me han llevado por los caminos donde todos los caminos desaparecen, donde mi persona se une al Universo y donde mi Yo desaparece en la felicidad del Todo.

En cada frase de esta obra el lector encontrará el espíritu que lo arrebatará hacia el vaciamiento total, hacia las alturas de la excitación espiritual, porque allí a donde nos lleva Federico Oliver Vega, allí se encuentra Dios.

Cada letra de esta obra es una señal que lo impregna todo, y que nos hace retornar a la esencia perdida de nuestras almas exiliadas.

Volver hacia uno mismo hasta lograr la desaparición, triunfar sobre la muerte porque no existe la muerte y triunfar sobre la vida porque no existe más que vida, porque todo es un triunfo del Espíritu divino en esta realidad finita.

Desde nuestra pequeñez humana alcanzamos la grandeza del no ser, y desde la grandeza del vacío alcanzamos la inmortalidad en la totalidad.

Gracias, Federico, por ser como eres, por captar la ilusión del mundo material y por conducirnos hacia la luz original donde todos somos Uno.

Desde el corazón,

Mario Javier Saban,
Sefarad, año 5777

PALABRAS DEL AUTOR

El lector amigo que va a abrir este *Dietario espiritual* no espere toparse con un libro de tesis o una pieza naturalista, ordenada académicamente, sino más bien con una obra heterodoxa, de aliento poético y espíritu mestizo.

El período de gestación de esta escritura ha tenido lugar a lo largo de unos pocos meses, aunque los contenidos e imágenes que aquí se han volcado vienen macerándose en silenciosas cubas, en un proceso de decantación lento pero constante, casi a lo largo del último lustro.

Fruto de las intuiciones y de los presentimientos íntimos del autor, los textos han nacido de imprevisto, como súbitos fogonazos. Después se han transcrito raudos sobre el papel sin otra intención que señalar aspectos menos evidentes –pero mucho más esenciales y relevantes– de la naturaleza humana nuestra.

Con el fin de facilitar la lectura y comprensión de los textos, se han dispuesto cuatro categorías primordiales a modo de estructura interna, de acuerdo con una secuencia cuaternaria sucesiva: el Hombre, la Consciencia, el Universo y lo Divino.

Cada uno de estos bloques representa una dimensión específica de la condición humana: desde la dimensión psicológica en que habita (el hombre) y el plano de su realización esencial (la Consciencia), hasta los niveles que trascienden su identidad individual: lo universal (o cosmológico) y lo divino (o metafísico).

Las citas que encabezan los escritos han sido cuidadosamente elegidas e insertadas *a posteriori* tras la redacción de los textos, teniendo como intención crear un espacio simbólico coherente que ayude al lector a posicionarse.

También se pretende «abrir su apetito» y hacerle degustar un brevísimo trago de algunas tradiciones y de sus representantes-maestros, auténticos depositarios del conocimiento sapiencial de todos los tiempos.

El autor siente que la manera más alta, completa y gozosa de habitar la propia vida es desde el espíritu de búsqueda y conocimiento de uno mismo, lo cual nos abre puertas a comprensiones de orden superior. Desde ahí se permite compartir dicho anhelo, humilde pero entusiasmado, con el amigo lector.

Para buen disfrute y aprovechamiento de este libro se recomienda una lectura sosegada y contemplativa, como si uno se deslizara suavemente por el perfil de cada página dejando a un lado el apresuramiento que con frecuencia nos oprime.

Invito al lector a que se recoja en cada expresión y pueda explorar por su cuenta, si así le entra en gana, esto que es lo *Superior*. El resto, lo puramente accesorio, es polvo y maleza, y al cabo se lo llevará el viento.

Federico Oliver Vega,
Madrid, año 2017

«En el corazón vacío, vacío de sí,
puede oírse como el resonar de un eco:
'Yo soy la Verdad'.
Así es el hombre con el Eterno.
Viajar, viaje y viajero llegan a ser uno».

SHABISTARI

«El que oye y lo oído son uno en la Palabra eterna».

MAESTRO ECKHART

«Comparada con esta belleza, toda dulzura es amarga».

RICARDO DE SAN VÍCTOR

«Yo duermo, pero mi corazón vela».

CANTAR DE LOS CANTARES

HOMBRE CONSCIENCIA UNIVERSO LO DIVINO

«Nuestro destino nunca es un lugar, sino una nueva forma de ver las cosas».
HENRY MILLER

La vida del hombre es el viaje hacia sí mismo.

Siendo un primerizo en el territorio de su ser, pronto se fuga y comienza la persecución de la existencia. Es una huida hacia adelante.

Aspiraciones y deseos que se dispersan esquivos en el tiempo y que, por su naturaleza difusa, no concibe a ciencia cierta: el amor, la felicidad, la plenitud...

A medida que se acerca a la verdad, sin embargo, un hombre se cuida de su ignorancia. Para este periplo le conmina un anhelo profundo.

Si olvida el sentido de su viaje y se pierde en el camino, extraviado, nada obtiene. Pero si halla el que emprendió, mucho tiempo atrás, el conocimiento de sí mismo, entonces todo lo gana.

«Los perros ladran, la caravana pasa».

PROVERBIO ÁRABE

El ciudadano que habita en la actual sociedad postmoderna es un sujeto desasistido que vaga entre muchedumbres, un alma sedienta de experiencias, siempre ávida de primicias. ¿Qué está buscando? O más bien, ¿de qué está huyendo? En realidad se trata de un individuo débil y sin autoridad, embelesado por el brillo de las tendencias, un hombre *infantilizado* en su maduración existencial.

A su alrededor, la «psicología de masas» opera con una ingente fuerza de descarga, drena su atención y lo arrastra hacia un terreno baldío e insustancial. Desde esta perspectiva, el actual imperativo económico y tecnológico, omnipresente en este tiempo post-capitalista, cuartea la voluntad y la autonomía del *Homo digitalis*.

Cuando un individuo se sumerge en el enjambre virtual, reblandece su identidad y la disuelve sumiéndose en el limbo de la suplantación. A esta orilla de la pantalla se encuentra privado de la realidad y ausente de sí mismo, naúfrago en un abrumador océano de datos. Es un Narciso que busca y remira en la superficie lustrosa de su dispositivo, Ulises extraviado.

Por otro lado, jamás las fuerzas sociales, económicas y políticas han estado en pro de la liberación intelectual y espiritual del hombre. De otro modo, su objetivo es la explotación de sus preciosos recursos interiores, en aras del rendimiento productivo. El hombre es meramente una pieza secundaria del engranaje, un medio para un fin vicario.

Más que nunca, es de capital importancia que el hombre maduro y consciente se detenga y observe por sí mismo. Que se interrogue sobre la condición de su vida y abandone lo superfluo –eso que nunca podría satisfacerlo–, pues adultera su vida como si fuera un simulacro.

El hombre despierto discierne lo que es verdadero y esencial, y hacia ello se dirige.

«Mirad, el emperador va desnudo».
HANS CHRISTIAN ANDERSEN

Si el hombre quiere salir al encuentro de su libertad e ir más allá de su condicionamiento, tarde o temprano ha de dudar de las premisas que ha asumido desde el inicio de su vida consciente.

En el ámbito de la vida pública, los valores asumidos sin un juicio crítico previo se convierten en sutiles coerciones simbólicas. Actúan como fuerzas sociales normativas, decretos que promulgan las supuestas verdades colectivas. Imágenes y fragmentos que «arrecian» sobre el individuo inerme.

Sin embargo, este producto de la masa social no ha verificado la autenticidad de sus idearios. En su ciego proselitismo, la *vox populi* promueve opiniones y ideologías con las que se niegan (y ocultan) aspectos esenciales de la realidad existencial del hombre.

En cualquier contexto, frente a lo que es urgente conocer y realizar, se invoca lo que es aparente y está de moda, lo cual se traduce en una mercantilización del sentido profundo de las cosas.

El individuo que quiera superar sus limitaciones particulares deberá rebasar los estratos de la psicología de masas. Tiene que vencer su inhibición a la «objeción de conciencia» respecto de lo que es necio y arbitrario a su alrededor. Desprenderse de los falsos artificios, abandonando el *status quo* ilusorio.

Según qué cosas, el hombre ha de aprender a desaprender.

«Solo estaremos llenos de las formas verdaderas cuando estemos vacíos de sueños».

MARSILIO FICINO

¿Dónde se encuentra el hombre cuando está inatento? ¿Dónde habita cuando avanza distraído, perdido en sus pensamientos? En ese preciso instante, ¿dónde mora exactamente su ser?

En la medida en que no hay atención, el hombre se va sumergiendo en el estado de olvido de sí mismo, lo cual es como hundirse en un terreno enfangado y repleto de arenas movedizas.

La disipación de su mente en asuntos banales rebaja sus facultades y debilita la débil conexión que tenía consigo mismo.

El hombre necesita sostenerse a sí mismo y elevarse –sujetar su presencia consciente– potenciando la no identificación con la fisonomía cambiante de la realidad externa. Que su mente y sus sentidos reposen en el asiento de la atención despierta y pueda emanciparse del ensueño de sus ilusiones fingidas.

Solo así podrá evitar el tedio de los pensamientos, uno detrás de otro, encadenados por el grillete de un falso yo.

«Dejar el mundo libre de nuestras proyecciones, es una auténtica espiritualidad».
ERIC BARET

Cuando el hombre contempla el mundo, ¿qué ve exactamente? ¿Un páramo cubierto de furia, ruido y dolor? ¿Una tierra baldía donde los hombres caminan errabundos? ¿Un vergel abundante? ¿O acaso no ve nada, sino un puro absurdo y sinsentido?

Cómo miramos, y cómo nos miramos, constituye una autentica filosofía del conocimiento y el amor. El conocimiento espiritual nos pone en contacto con las verdades de la existencia y el amor nos permite descansar en ellas, amarlas por lo que son, en la medida en que reflejan la esencia universal.

Para un hombre consciente, la mirada lo es todo. Es la corola de su alma proyectándose hacia fuera. Su pasadizo hacia el mundo, la salida del fortín. Dentro de él hay estancada una mirada esencial, un reguero de afluentes interiores que desembocan en un océano de visión. En términos prácticos, este depósito de la visión que es el estadio de Consciencia puede ser una condena o la excarcelación. Y al verter su mirada, sin saberlo, un hombre marca su carácter y destino.

La mirada de un hombre ignorante, en cambio, es como un martillo que golpea en la superficie de la existencia, hurgando en su corteza y deformándola. Su vistazo afea el meollo del presente –su piel en carne viva– y daña la realidad.

Este hombre arrastra la deposición de su dolor, como un detritus de sufrimiento, y cuando se infecta por acumulación forma un absceso; con ello, envenena la luz que emana de su Consciencia. En su observación, deforma el espejo del mundo.

La realidad, en su levadura, está siempre fresca y pura, tendida en dócil transparencia. Mas con un ojo corrompido no podremos vislumbrar su riqueza y fermento infinito. Hay que limpiar la mirada de sus excrecencias para que la visión sea redimida, para que sea verdad.

«Salir nunca fue demasiado bueno, permanecer dentro fue mucho mejor».

THEOLOGIA GERMANICA, IX

Un hombre sin conocimiento tratará de incrementar su bienestar en virtud del acopio de experiencias placenteras. Su mente ha sido condicionada por la idea de que hallará felicidad si expande indefinidamente el umbral de satisfacción.

Sin embargo, la felicidad verdadera es calma pura y no proviene de atestar la mente, sino más bien de vaciarla. Experimentar el fondo de la Consciencia es plenitud real e incondicionada.

«Sin el conocimiento libre, sin comprender el trabajo y las funciones de 'la máquina', el hombre no puede ser libre, no puede gobernarse a sí mismo y siempre seguirá siendo un esclavo».

GEORGE GURDJIEFF

Día tras día, el ciudadano contemporáneo vive desfondado por un mandato de producción y consumo. Como un siervo en actitud de obediencia, acata este precepto y sobrevive con dificultad, ya que lo interioriza a costa de sí mismo. Inconsciente, ni siquiera siente dolor por la pérdida de su alma.

El individuo persuadido por la gratificación social sucumbe al olvido y se abandona. No se educa en ser el arquitecto de sus días. Derrocha la substancia de su vivir, que es Consciencia. Desperdicia la conexión *con* y *de* su ser.

Este hombre profano atraviesa como un fantasma el tiempo de su vida –el bosque de su biografía– apenas sin rozar el tronco, el fundamento de su naturaleza. Los días de su vida transitan tediosamente pero su esencia queda sepultada bajo una capa de olvido.

En realidad, una vida así no se diferencia mucho de la existencia que arrastran otros primates cuyo comportamiento es producto del condicionamiento innato: sobrevivir y procrear, buscar alimento y refugio, huir del dolor, perseguir el placer.

La aventura de encarnar su identidad real y fraguar unos valores íntimos se convierte en una quimera. La posibilidad de construir una vida con propósito y de orientarla hacia la trascendencia es una empresa inimaginable para el hombre «normalizado».

Pero, como dice Gurdjieff, cuando este hombre perece «*muere como un perro*», lo que significa que desaparece sin dejar rastro, como si nunca hubiera existido. En el instante de morir, un hombre así no puede ser acogido por el Universo y se convierte en puro material de desecho.

«No vemos las cosas como son,
vemos las cosas como somos».
DEL TALMUD

¿Puede el hombre, en su momento cotidiano, sentir la inmediatez del instante? ¿Interiorizar su Consciencia sin ensordecerse con el ruido de la memoria?

¿Puede vislumbrar lo real sin dejarse seducir por sus prejuicios ni caer en la hipnosis de sus deseos?

¿Le cabe percibir lo que es, tanto en sí mismo como fuera, en toda parte? ¿Eso que es siempre nuevo, sin causa ni medida, irrepetible?

Cada instante se basta a sí mismo y se abre para darnos su ofrecimiento, pues está completo. ¿Puede el hombre desasirse ahí, descansar en su movimiento que fluye hacia la totalidad?

Recibir la ondulación transparente del ahora, donde todo confluye en una sinfonía de formas infinitas. Una sola inmensidad suprema.

Alcanzar paz y quietud, en medio del torbellino.

Alumbrarse a sí mismo, en medio de la oscuridad.

«Que el hombre exterior y el interior
estén en concordancia».
PLATÓN (FEDRO, 279C)

Cuando habitamos en el mundo, a menudo nos movemos distraídamente por largo tiempo y nos separamos de nuestro centro, que yace marchito y olvidado. Agotados, nos exiliamos de la existencia verdadera.

Para compensar este desarraigo, en cada impulso de ida que iniciemos siempre se esconderá, subrepticiamente, un anhelo de regreso. En nuestro psiquismo subyace una profunda orfandad no reconocida.

Todo aquello que hacemos, en pro de la consecución de algo, todo emprendimiento –a donde acudimos para aplacar nuestra sed–, reemplaza el encuentro con lo real. Por ignorancia se efectúa un aplazamiento, tal vez una sustitución: la del deseo, que es una forma de nostalgia disfrazada.

Esta nostalgia obedece a que todo ser sensible lleva en sí, por naturaleza, el impulso hacia el retorno, la recomposición de la unidad perdida, la beatitud que ya gozábamos en la presencia divina.

El destino final de cada ser será, pues, evolucionar hacia esa condición iluminada –el estado perfecto y completo– que está impregnado de verdad.

«Oh tú, que buscas el camino que conduce al secreto, retorna sobre tus pasos porque es en ti mismo donde se halla todo el secreto».

IBN ARABÍ

Un hombre ha de velar por su estado de Consciencia. Al habitar en ella necesariamente, debe custodiar su integridad, porque ella es la raíz y el principio de todo. Su preciado sostén, morada última y primera.

El hombre no puede conocer el mundo –y a sí mismo, por extensión– si no es a través de la Consciencia, que, como una llamarada de conocimiento, le guía a través de la oscuridad.

Aquello que el hombre fermenta en las profundidades de su ser, eso es lo que proyecta inadvertidamente sobre las cosas. Cuando la mente se obscurece, el hombre se hunde en su abismo particular, pero cuando la mente se ilumina, un hombre despierto se eleva hasta la cima de sí mismo.

«Pero quien no es verdadero, no verá la verdad».

PARACELSO

Para que el hombre vea con claridad, ahonde en el conocimiento y se instaure como una luz para sí mismo, es importante que perciba su propia mundanidad desaforada. Que vea aquello por lo que ha abandonado torpe y negligentemente la «salvación de su alma», como una pasión que le ciega a fuerza de repetición y costumbre.

Es conveniente que advierta el instante en que su mente se tensiona con las aristas de los estímulos, formando un nudo en la Consciencia. Que desoiga de sus creencias oscuras y diálogos vacíos. Que la atención se afile y la mente se tienda en calma. Y ya relajado, pero muy alerta por la espera, que se «caiga» de la rama de la Consciencia, como un fruto que, congestionado por su jugo, es vencido por el peso de la madurez. Esto es meditación.

En la lúcida visión de su condicionamiento, el hombre observa la naturaleza de su realidad particular tal y como es. Esto es despertar, abrirse a la verdad.

El comienzo de la sabiduría, según dicen todas las tradiciones.

«Preciso es que Él crezca y yo mengüe».

JUAN, 3, 30

Podemos intuir, conocer y sentir la presencia divina. En cada uno de nosotros, tan pequeños y frágiles, se recoge todo lo Infinito.

Si nuestra mente alcanza su acallarse, quedando realizada en el silencio, sentimos la presencia de lo real como la yema de nuestra mirada y de todo lo mirado.

Y ese mirar centrado –ya no nuestro mirar– es profundidad sin paragón, fuente de todo lo creado, salvación de todo en todo.

«El mundo entero no es sino un cristal cuyos múltiples reflejos representan la sabiduría divina».

San Buenaventura

Si el arquitecto no dispusiera de antemano de los planos de la catedral que se está levantando, los detalles de cada pórtico, cúspide o bóveda, jamás se podría erigir una obra semejante, de tan extraordinaria dificultad técnica y artística.

El arquitecto a veces construye la catedral desde adentro, vislumbrando la estructura, sumiéndose en profunda concentración para poder imaginar cabalmente el resultado. Para ello asciende por el andamio y se encarama a la cúpula, observando lo realizado desde un nivel superior.

Pero a veces el arquitecto se coloca afuera, extramuros, descansando junto a la piedra, mientras los artistas, alegres y joviales, pulen cuidadosamente las vidrieras.

Lo divino actúa así.

Conoce el mundo por dentro y por fuera, lo atraviesa con su principio rector, desde el silencio pegado en los muros hasta la claridad que llamea en los iconos.

Desde dentro, insufla en el corazón de los hombres, sus canteros, inspirando la dirección de sus ideales.

Desde fuera, por contra, cimenta las leyes universales que definen los ciclos y el ritmo de las edades.

«Dios está más cerca del hombre
que su propia vena yugular».
Corán

Dios nos es tan cercano –tan íntimo y secreto– que no podemos distinguirlo; hemos perdido el hilo de su aliento y necesitamos recobrarlo. Pues el hombre, ciego para con lo divino, solo conoce su mundo, pequeño y limitado.

Pero, al mismo tiempo, Dios está tan lejos que no podemos atisbarlo; necesitamos arribar a su eterna lejanía, inmiscuirnos en su infinito contorno, arroparnos con él.

Él ha saturado el tiempo con su presencia y se ha procurado a sí mismo una morada, fuera del devenir, que está en todas partes, un fluir donde no caben fugas ni estancamientos.

Mientras sostiene la viga del tiempo, Dios está manando la realidad, bombeándola a cada instante, de tal modo que el hombre encuentre asidero para su ser.

Esa es su eterna concesión.

«Con la flecha de la gnosis atravesaré todos los defectos».

MILINDAPAÑHA, 418

En la existencia del hombre, el buen desempeño material y psicológico es condición *necesaria* para el desarrollo de sus capacidades innatas.

Se le provee de un escenario donde razón y voluntad puedan interactuar y desarrollarse, perfeccionándose en el manejo de sus facultades físicas, emocionales y cognitivas. De este modo, este hombre construye como mejor puede el núcleo de su identidad humana.

Sin embargo, este proceso no da sostén para que la esencia última (la Consciencia en sí) pueda manifestarse en toda su integridad.

El hombre debe activar su potencial espiritual para completarse a sí mismo, porque sin el anhelo de conocer el Espíritu se extraviará a medio camino de todo y nada. Quedará decepcionado entre la garantía incierta de sus deseos y la esperanza de una plenitud real.

Únicamente el camino de realización de lo superior es condición *necesaria* y *suficiente* para que actualice su esencia divina.

Cuando se ilumina, el hombre despierta su naturaleza superior, la incorpora a su humanidad y después exhala en el ser universal.

Al hombre despierto le es revelada su identidad divina en origen y destino.

«Esta Consciencia (chitta) es luminosa, pero está ensuciada por manchas adventicias».

ANGUTTARA-NIKAYA, 1,10

La mirada es como un tacto que ponemos por encima de las cosas: podemos acariciarlas o podemos arrancarlas.

Para llegar a conocerlas y amarlas por lo que son, hemos de descortezar la mirada y percibir noblemente sus esencias, asirlas por dentro. Extraer la perla del sucedáneo, depurar la joya de la ganga. Hay que dejar que la mirada se transfunda de silencio, se aquiete.

La percepción espiritual es una mirada transfigurada y humilde, sacada de su pliegue, que recoge cada ser y lo emplaza en su lugar, pues no interfiere en la vocación genuina de las cosas. Esta mirada pura –Consciencia en sí– restituye la verdad de lo mirado. Penetra el fulgor de la apariencia y se reconcentra en lo esencial.

Según sea nuestra mirada, ciertamente será nuestra existencia.

«Mira la cadena dorada, mira el orden de los preciosos eslabones, mira cómo en un hermoso círculo el principio está unido con el fin».

PETER STERRY

Podemos sentir la eternidad en nosotros, siquiera por un instante.

Todos en contemplación reconocemos la belleza del Universo, la Consciencia que engarza el Ser con divino encadenamiento.

Hay un trance del alma en que el tiempo ya no cubre, la cordada de la respiración se parte y de pronto nos sumergimos en profunda quietud.

Si llegamos a conocer esta fundación del instante, entonces retornamos a la unidad, a la urdimbre majestuosa del Universo de Dios. Y ahí todos somos hijos de Dios.

«Dios es una fuente que mana dentro de sí misma».

San Dionisio

El Creador, como una supernova, ha *implosionado* su ser para nosotros. Rompiéndose por dentro, quebrándose a través de su obra –el Universo– se nos ha abierto en canal.

Sin embargo, el Espíritu divino no se solapa con la acción humana ni se ciñe a su particular diseño. La imaginación del hombre no sella los límites de la dimensión divina, que es enteramente inefable, ni puede concebirse. Dios es impensable.

Descansando en el nido de nuestras almas, el Espíritu divino está siempre presente como una realidad tangible. Respirando en el telar de las estrellas, está rebasando por completo el ciclo de su obra, haciéndose inaprensible para ella.

Oculto y develado al mismo tiempo, lo divino se sustrae para que ansiemos encontrarlo.

«Si posees el verdadero conocimiento, oh alma, comprenderás que eres semejante a tu creador».

HERMES

El hombre es un ser en transición, no un ente definido y acabado. Es una fuerza emergente del Universo, dinámica y creativa, que busca manifestarse, un impulso que anhela vivificar la materia, moldearse en el estanque del tiempo.

El hombre, habitado por la Consciencia, imprime su huella y expande la condición orgánica del Universo. Imbuido de la substancia-energía de Dios, es copartícipe en la creación de su destino.

Porque sin Dios, la Consciencia no podría vibrar, y sin la Consciencia en sí, el hombre no podría ser.

Dios, sin su Ley, no podría crear.

«Pero, cuando llegue lo perfecto, desaparecerá lo parcial».

1 Corintios, 13

Cada hombre es lo que es y lo que puede llegar a ser: su estado actualizado, pero también su ser latente y potencialmente despierto. En cada ser humano existen muchas dimensiones escondidas, múltiples perfiles adormecidos, expresiones de la luz que aún no han emergido; muchas de ellas, tan débiles como pequeños ríos transparentes, jamás se desperezarán del sueño y morirán en estado de semilla. Pero, tal vez, en un hombre, o diez, o cientos, algún día se descifre todo aquello para lo que fueron nacidos. Eso para lo que fueron creados. Todo hombre es potencialmente un buda, un ser despierto que ha comprendido las leyes divinas y que vive –y muere– en aquiescencia de Dios.

«La conciencia (dual) hija, debe saltar al regazo de la Conciencia no-dual (madre) y reintegrarse...»

TRADICIÓN DZOGCHEN

Contemplo la densidad traslúcida del aire. Elevo la mirada y me disperso en el lecho azul-sedoso del cielo. Junto al muro, el tejido del agua se resbala al deshacer su transparencia. Respiro la exhalación de la hierba, un segmento de frescura que levanta el aguacero. Vivo y soy. Estos cuerpos esenciales son el gran espejo que irradia y nos restituyen al espacio de nuestra naturaleza, íntima, limpia, clara. Habitan felizmente en la epifanía del instante, entregando su apoteosis humilde y callada. Al contemplarlo, el cielo cae arrodillado ante nosotros, como un animal manso. Todo el Universo está fabricado con el cemento amoroso de la Consciencia.

«Yo estaba entre sus tesoros ocultos.
De la nada me sacó».
NAHMÁNIDES

Si el contorno de Dios fuera acariciado por la mirada y su misterio concebible por la razón, la creación no podría sostenerse. Sin duda, un hombre con las manos manchadas de egoísmo querría usurparlo en beneficio propio.

Desde el inicio de los tiempos, Dios, en su profundo y humilde anonimato, ha desplazado su existencia –que todo lo permea– para que el mundo pueda caber y contenerse.

A través del silencio amoroso, se ha vertido a nosotros. En un acto de entrega absoluta, se ha vaciado para que el mundo sea.

«El que mira a la creación fracasa,
y el que se vuelve hacia la verdad triunfa».
HUJWIRI

El hombre ha de saber que lo que percibe, de acuerdo con su habitual estado de Consciencia, no es la realidad verdadera. Atrapado en las proyecciones de su mente, todo lo interpreta según su condicionamiento. Como en un juego de espejos, choca contra su reflejo y se engancha entre los pedazos de sí mismo.

Cercada por miedos y deseos, aquí el alma es arrastrada a la intemperie, donde no encuentra descanso y plenitud. Desde esta percepción ego-centrada, el hombre ignorante está ciego para lo que es verdadero.

Sin embargo, este mundo que a menudo se nos aparece como un escenario duro, temporario y azaroso, constituye la plataforma idónea para que el hombre que participa de él quede sediento e insatisfecho. Para una mente que sufre, el mundo es como un espejo sucio y mellado. Espiritualmente hablando, es de suma eficiencia que así sea, se trata de la santa productividad.

Cuando el hombre reconoce que, en última instancia, su destino no es manipular las cosas para su satisfacción personal, y que todo, en cualquiera de sus formas, está destinado a decepcionarlo –pues es pura contingencia–, entonces puede sentirse espoleado a emprender la búsqueda. Encuentra un afán que le hace ponerse en pie e iniciar la vía, que es la senda interior del conocimiento. Llega por fin la *metanoia* del alma humana.

Comprende que solo en la verdad puede encontrar un sentido total a su existencia –el viaje hacia la transformación real– y tal vez su liberación definitiva.

«Encuentra Aquello que, una vez conocido, permite conocerlo todo».
MUNDAKA UPANISHAD

La Consciencia en sí, como una vasija palpitante, puede acoger la forma de aquello que contiene, transfigurándose en cada momento. Infinitamente dúctil y amorosa, ella es inmensurable en su espacio de energía vibrante pues su trasfondo es pura luz.

En su seno, la substancia luminosa se ahorma para sostener el objeto: el susurro de las emociones, la vibración del pensamiento. Tan pronto como su traza se reabsorbe, ella recupera su estado de quietud inicial, dejando que su espacio se depure por sí mismo.

En el caso de un hombre que está en estado de sufrimiento, «su» Consciencia, débil y ofuscada, se ha atrapado con las formas que recoge, pervirtiendo la superficie trasluciente. Al caer en dicha identificación, el espacio de la observación se comprime drásticamente y ahoga al individuo, extenuándolo, como una arteria obstruida que no permite conducir el riego.

Sin embargo, la Consciencia en sí no se engancha con los bordes de aquello que contiene, pues su naturaleza es ser libertad pura, espacio primordial y claridad. Donde todo aparece y desaparece furtivamente, ella permanece. Donde todo es asido y sujetado, ella descansa.

«Te guste o no, lo sepas o no, toda la naturaleza busca secretamente a Dios y se afana hacia Él».

MAESTRO ECKHART

Existe una ley suprema del Universo que administra todas las leyes subsidiarias de la existencia. Esta ley consiste primeramente en la emergencia de un ciclo de génesis o creación, seguido de una etapa de preservación y desarrollo, y culminado finalmente por un período de declive y desaparición.

Todas las formas orgánicas e inorgánicas, los procesos biológicos, los acontecimientos históricos y los eventos cósmicos, afloran y son empujados a desarrollarse. Auspiciados por su codificación interior, se despliegan desde un estado larvario que los impulsa a crecer y, una vez maduros, se produce un agotamiento del impulso creativo vital, lo cual conduce a su decaimiento y desaparición final.

Sin embargo, a un nivel puramente humano, hombres y mujeres, irrespectivamente de sus ideas, creencias o pensamientos, aspiran a unidades de sentido progresivamente crecientes. En su desarrollo psicológico y en su eventual crecimiento espiritual existe una aspiración, consciente o inconsciente hacia la totalidad, el *summum bonum* de la existencia, es decir, Dios.

La mayoría de los individuos no son conscientes de este anhelo profundo que subyace escondido. Muchos lo anticipan como un deseo de felicidad y unión a través del amor romántico. Algunos lo describen como una aspiración a la autorrealización. Otros, muy pocos, lo intuyen como un anhelo de salvación o trascendencia espiritual.

En términos metafísicos, en primer lugar, cada mónada o partícula de Consciencia se desgaja del Absoluto, el centro increado de Dios; después, se integra en una estructura física temporal como el cuerpo, con el fin de constituir la Luz de sí misma; y, en última instancia, una vez que la Luz de la Consciencia se ha solidificado lo suficiente como para experimentarse a sí misma en el contexto de la creación, puede rendirse y entregarse a la gran unión final, quemándose en el fuego solar de lo divino.

Este es el ciclo espiritual inherente a toda alma humana, en todo tiempo y lugar. El anhelo por el regreso.

«Es con Su nombre y Su forma como este mundo ha venido a la existencia, y también termina con su nombre».

ANANDAMAYI MA

El Espíritu de Dios, que es la Verdad, no tiene imagen, forma o sonido: es el principio divino que mece el caudal de la existencia.

Sin embargo, el hombre, inquieto desde el amanecer de sus días, ha imaginado símbolos sagrados para acercarse a su Creador. Anhela tocarlo con su intelecto, con los ojos, con el alma.

En su cercamiento de lo sagrado, a menudo ha vejado a la palabra, vulgarizándola, vaciándola de sentido y significación. Ignorancia del antropocentrismo.

Dios, lo más real en todo, no se ha dado a sí mismo un nombre, se lo hemos dado nosotros para poder evocarlo y conocerlo, en distinción de lo creado.

Porque el nombre de lo divino es impronunciable, y cuando la palabra irrumpe desde su origen inefable, enmudece, ya que la naturaleza de Dios es abismal.

Dios está siempre sin nombre, envuelto en su silencio.

«Tú eres de un lugar, pero tu origen es el no-lugar».

FÓRMULA SUFÍ

Nuestro origen es secreto como un torrente que se deshiela en la cima del monte y del que no podemos encontrar su curso originario. Nuestro término en la desembocadura de la vida, igualmente es algo misterioso. Sin embargo, nuestro verdadero hogar no es un tiempo del futuro o un emplazamiento soñado, sino un estado de Consciencia superior, ahora.

No hay ningún espacio físico o un acontecer temporal que nos traiga lo que anhelamos. No es preciso que nos traslademos lejos o que busquemos apresuradamente en el catálogo de muestras que nos suscita el deseo: si nuestra Consciencia está cautiva, estaremos cautivos, allá donde vayamos.

Por ignorancia, solemos incidir en nuestra dispersión existencial. Así es el movernos desaforadamente y recorrer, de una punta a punta, todos los caminos del mundo, buscando no se sabe qué hasta caer extenuados. Exhaustos de vagar, la mente se desazona y queda presa de la confusión.

Tras el engaño, en la visión de que habíamos equivocado los fines y los medios, algo se despierta adentro. Emerge una mirada nueva –como una intuición originaria– y la inquietud que no era apaciguada de ningún modo, al ser contemplada en silencio, se deshace como arena reblandecida.

Vemos que la fuente de todo siempre está manando ahora. La Verdad es salvación inagotable.

«En el comienzo este mundo era solo Ser, uno solo, sin segundo. El Ser pensó: '¡Quisiera ser muchos! ¡Procréeme a mí mismo!'»

Chandogya Upanishad

El Universo, que se contempla a través del espejo de la Consciencia en sí, ha concebido la vida para iluminarse a sí mismo.

La Consciencia, a su vez, florece y se disemina como creadora de la pura potencialidad: es la matriz polinizadora de todas las realidades, el nido sagrado, útero de la divinidad.

Cuanta mayor visión del Ser sea capaz de reflejar la Consciencia, más profunda y libre se expandirá la naturaleza del hombre.

«El punto en que todos los tiempos están presentes...»
DANTE (PARADISO, 17)

En cada segmento del tiempo, tejido de quietud, están anudados todos los momentos: pasado, presente y futuro. Estar presente es morar en lo que no puede medirse, lo que brota más allá del tiempo.

En cada instante de duración se abre una fisura que transparenta la hilazón de la vida. Una abertura que las palabras no pueden descifrar.

Cuando penetramos en la esencia trascendental de un instante, frágil como una hoja pero diáfano como un diamante, comprendemos que ahí esta transcrito lo Infinito. Que en su naturaleza exacta está tallado el grosor del tiempo habido y por haber: el ciclo sucesivo de las vidas, muertes y re-nacimientos.

En cada latido del presente, si es aprehendido *dulcemente*, podemos sentir la médula del tiempo, la entraña de la eternidad.

«Ya duermas o estés despierto, Dios sigue con su obra».

MAESTRO ECKHART

Podemos intuir, conocer y sentir la presencia de lo divino.

La presencia de Dios se intuye a través de su obra, en la contemplación profunda de las quintaesencias. Dios está esencialmente sumergido en su obra, alentándola siempre desde la profundidad de la raíz.

En apariencia, el Creador ha desaparecido y después se (nos) ha revelado transversalmente, mediante la eterna danza de las formas.

Sin embargo, Dios no se abaja al mundo finito de los nombres y las formas para dispersarse y diluirse en él. No se cercena dentro de cada ente, sino que lo irradia y atraviesa por dentro, desde su irreductibilidad esencial.

El Espíritu de Dios está subsumido en el mundo, en el silencio de su espesor, pero no se ha consumado todavía.

Simultáneamente, se yergue por encima de todo y todo lo llena con la añoranza de sí –lo cual es evolución–, porque el mundo aún no ha ingresado en el estado de Dios, ni ha desentrañado el alcance de su llamada abismal.

Por eso empuja Dios al hombre hacia sí, a través de la transformación, para que complete su peregrinaje.

«Quien no ama a su hermano a quien ve,
no puede amar a Dios a quien no ve».
I JUAN 4,20

Nadie puede experimentar la unidad de Dios sin conocer a su prójimo, sin concederse a él, haciéndose partícipe de su ser. El otro, en realidad no es un «objeto» separado de mi Consciencia: es un puente hacia el reverso del espejo. Un umbral.

Cualquier ser humano es un hermano cuyo alma y corazón, de condición y peso igual a la mía, palpita como un vívido reflejo de la divina creación. Espiritualmente, no hay ninguna diferencia entre yo y el otro, entre el alma de mi hermano y la mía.

Podemos completar el conocimiento de Dios a través del «aquietarse» en el rostro del prójimo, estando disponible para el vínculo. En él nos topamos con nuestro límite, que era el sueño periférico del ego.

Si no amas a tu prójimo y no le aprehendes en ti, lo que en realidad es habitar en ti mismo profundamente, no puedes aspirar a «tomar» a Dios. No es una cuestión de ética o moral, es una verdad metafísica.

Tu hermano y tú estáis unidos por el tejido divino del Ser que Dios ha dispuesto para ambos.

«Mientras tenéis la luz, creed en la luz,
para que seáis hijos de la luz».
JUAN 12,36

¿Por qué los hombres a menudo tienen la sensación de que su vida transcurre como un sueño?

De acuerdo con la biología, a través de los órganos de los sentidos se vierten al cerebro millones de estímulos sensoriales. Este, mediante un proceso de reacciones electro-químicas, construye respuestas adaptativas que fijan y consolidan su modelo de la realidad. Durante este proceso neuronal, la mente se erige como artífice de la experiencia, asumiendo un principio de autoridad. Ciertamente ella se encarga de filtrar (condicionar) el significado de la experiencia.

Sin embargo, desde el punto de vista del conocimiento espiritual, en el procesamiento e interpretación de su experiencia, un individuo confunde el objeto experimentado (su propia mente) con el sujeto experimentador (la Consciencia). Por eso habita normalmente en una confusión de planos –un error de identificación– pues ignora quién «se» experimenta dentro del amasijo de experiencias.

Más allá de su ego, un hombre inconsciente no puede sentir la verdadera textura de su existencia, que es siempre Consciencia pura e inafectada, donde cada instante nace y muere grácilmente.

Distraído, el hombre se exalta con la actualidad y sacrifica torpemente el manantial de su presencia consciente.

Abraza cada uno de los momentos de su vida como realidades perdurables, eventos que se desarrollan en la línea del tiempo, y, al apoyarse en ellos, rebaja su «status» existencial. Olvida que, por ley, todo enmudece y se deshace, pues lo que está dentro del tiempo, muere en el tiempo, y siempre más pronto que tarde. De sombra en sombra, vaga en pos de una luz esquiva.

Aquí, el hombre es un sujeto incierto y oscuro para sí mismo, caído espiritualmente. No será verdadero hasta que se torne en plenamente real, es decir, hasta que se deje atravesar por la verdad y quede transfigurado.

La verdad es la presencia de la luz interior –una partícula de luz divina– que ha de alumbrarlo con irradiación sustentadora. Esa luz consciente debe permanecer sólida y firme en la cueva del corazón, debidamente sellada.

Cuando la luz interior brilla con intensidad, la claridad es refundada y las grietas de penumbra se calcinan como ascuas. Entonces la anomalía del sueño se disipa y la existencia despierta –se ilumina– en plenitud total de sí misma.

La unidad resplandece.

«El yo-esencia es el núcleo de nuestra existencia en el cual está escondida la divina energía original del Yo Soy».

ANADI

De acuerdo con el plan evolutivo del Universo, ¿qué supone que la Consciencia humana se hunda en la dimensión del olvido? ¿Qué se pierde cuando, por negligencia, se malgasta una vida y se desperdicia todo el trabajo milagroso de fabricación de una existencia?

¿Crea el Universo vida consciente para que los hombres despierten y reconozcan su linaje universal? ¿O es el yo –esa capa autoconsciente– un simple accidente, un hecho azaroso y fortuito destinado a desaparecer?

¿Le cabe al hombre actualizar su subjetividad pura y, al hacerlo así, conocer por extensión la naturaleza de su Creador?

¿Qué es esta semilla de luz consciente que es singular y única en cada uno de los seres –la mota radiante y cognoscitiva– depurada a través de miles de años de evolución?

¿Esa semilla irreductible contiene el núcleo sagrado del ser, el embrión de la «yoidad»? ¿Ese embrión es el ángulo de la «eseidad» con que lo divino se contempla a sí mismo?

Ninguna vida humana ha completado su potencial evolutivo si el individuo no descubre quién detenta realmente la existencia, es decir, cuál es su verdadera identidad.

«¿No sabes que la luz del sol es el reflejo del Sol, más allá del velo?»
RUMI

Al indagar en lo invisible, no constatamos que lo divino no está, sino más bien que no podemos verlo con nuestros órganos físicos. No podemos deducir su inexistencia de nuestra incapacidad para la visión.

Lo invisible es una prueba palmaria de que Dios es, al mismo tiempo, presencia y ausencia, misterio y encuentro, tiempo y eternidad.

Dios es Lo Otro que en nosotros trae vacuidad radical. Pero también es, simultáneamente, nuestra mismidad primordial.

Si cabe nombrarlo, es silencio total en medio de la estridencia del mundo, una evocación de lo que no se puede aferrar: apertura absoluta e inefable.

Pues Él, que no tiene imagen, siempre está resonando en el puro presentimiento de nosotros, en el filo de nuestro Ser.

«Porque a todo el que tiene le será dado, y tendrá abundancia; pero al que no tiene, aun lo que tiene le será quitado».

MATEO 25,29

En el ámbito de las relaciones humanas, la gran paradoja del intercambio recíproco puede formularse del siguiente modo: cuánto más entreguemos, más nos será dado.

Dando y ofreciendo en amor, no abandonamos lo que tenemos sino que lo multiplicamos. Ahondamos en nuestra abundancia.

Sin embargo, lo que guardamos con avidez nos ata y esclaviza. Al retenerlo, no puede florecer y finalmente malogra su riqueza, que se pudre y muere. En lo que poseemos ciegamente somos poseídos, sin libertad.

Cuando vencemos el miedo que nos atenaza, eso que entregamos –nuestro don– queda integrado y se prolonga más allá de la acción. Después revierte a nosotros por centuplicado, pues rinde bien en su fruto.

El corazón generoso es un manantial que se renueva en aguas profundas e imperecederas.

«Cuando el conocedor está considerado independientemente de lo conocido, se revela como testigo puro y cuando lo conocido y el conocedor son uno, ya no hay testigo».

Jean Klein

La experiencia de cada instante es como una reverberación que vibra en la Consciencia, un eco que acaricia la mente con sensaciones e imágenes, emociones que se erizan en desasosiego.

Al iniciarse este dinamismo, el flujo sensorial presiona una «clavija» y activa el mecanismo de la personalidad. Se activa una *cuña* psicológica con la que el individuo se contrae a sí mismo.

En el estado de ignorancia, el hombre superpone el objeto de su experiencia (pensamientos, emociones, imágenes...) sobre el conocedor de la experiencia, que es el trasfondo que sostiene la vivencia.

En otras palabras: el hombre no conocerá su esencia hasta que no rebase la penumbra de la substancia mental, accediendo a la pura luz del conocer, que es la fuente de la presencia.

«El hombre es el símbolo de la Existencia universal».

FÓRMULA SUFÍ

El hombre posee una doble naturaleza: su existencia particular, representada por su centro interior, el corazón, y la existencia universal, el Ser de todas las cosas.

El hombre que aspire a despertar debe primero raspar con ahínco la concha de sus impurezas depositadas en su corazón. Tiene que transformar el mercurio de las emociones groseras en oro alquímico, en materia sutil.

Si un hombre desea contemplar la belleza de las flores esplendorosas, debe velar por la armonía de su jardín interior, cuidándose de que no crezcan malas hierbas.

Después, ha de abrir el espacio transpersonal en su interior, donde palpita la Consciencia en toda su irradiación. Ahí brilla la totalidad en su simplicidad más pura, en su integridad indivisa y constante. Permanecer y abundarse ahí.

El hombre desnudo que encarna su alma –el auténtico hombre interior– accede al estado primordial de la Consciencia, que es unidad en Espíritu, donde respiran las cosas, sustentadas.

En cada hombre, en cada individuo despierto, por así decirlo, subyace la Consciencia entera de la Humanidad.

«Mi lugar es la ausencia de lugar,
mi huella es la ausencia de huellas».
Divani Shamsi Tabriz, XXXI

Dios no interfiere en su creación, pues ello supondría violar las leyes que constituyen el mundo, cimentadas por su Verbo. Pero su Espíritu sí participa de él activamente, entreverándose en su manifestación, irrigándolo todo.

Cuando así lo decide, Él actúa e interviene a través de la Consciencia en los hombres, quienes, todavía ignorantes de sus huellas, creen que obran netamente por cuenta de su propia voluntad.

Dios ha transferido al hombre la responsabilidad de dirigir su propósito en este mundo, lo cual es libertad suprema de su amor. Él ama hacernos libres.

Cuando el hombre asume plenamente su libre albedrío y comprende la ley divina honrándola, entonces se aviene a rozar el designio divino. Concuerda con Él, milagrosamente.

Dios ya sabía que, aun soltándonos, tarde o temprano llegaríamos a su amparo. Esta es la paradoja de su gracia salvífica: estamos condenados a ser libres en Él y hacia Él.

«Todo es vanidad».
Eclesiastés 1-3

¿Qué espera el hombre alcanzar en este mundo, con tanta ansia y esfuerzo? Creer que el hombre hace y deshace, pensar que domina y controla por su sola capacidad los elementos fugaces de la vida es pura vanidad. Sentir que lo humano puede erigirse en ídolo y señor de la existencia es locura e ignorancia.

En rigor, el hombre no hace nada, no decide ni conduce, más bien es *mediado*, intercedido por la gracia que le permite existir sin aniquilarlo. A su lado, el hombre es una «nada» que Dios ha permitido brotar.

Sin embargo, nosotros podemos renovar incesantemente nuestra humildad, allí donde no hay vanidad y orgullo de uno mismo, pues ya estamos en conocimiento de la acción divina. Aquí soltamos la última identificación-raíz que subyace en el seno del hombre, la creencia de ser un «yo» separado de las aguas del Ser universal.

Cuando el individuo se ha liberado de la identificación con lo fugaz, vislumbra su naturaleza real y halla en su interior un espacio de silencio, donde todo se despliega en armonía con la paz de Dios.

«El yo abandona la ilusión de yo y, sin embargo, permanece como yo. Tal es la paradoja de la autorrealización».

Sri Ramana Marhashi

Cuando el hombre se conoce por lo que es, elimina su ensimismamiento, se desprende de su identidad limitante y se reordena como pura luz.

El hombre consciente percibe la novedad de un ahora desentumecido, y al reconocer su inmensidad sosegada, es alcanzado por un sentimiento de alegría inefable. Se desposee.

El hombre avanzado sabe que no es propietario ni esclavo: nada lo posee y nada toma para sí, pues está vacío y pleno.

El hombre realizado se reconoce como un no-hombre, Consciencia venida de un no-lugar, donde no hay historia ni biografía por cumplir o redimir, nada que alcanzar.

El hombre iniciado ha escapado de la prisión cambiante de la forma, y, dejándose hacer en todo, ha sido proyectado a otra dimensión, un espacio fragante donde aflora con naturalidad toda la exactitud de la paz.

El hombre desnudo sabe que no sabe y lo recuerda constantemente.

«Solo por el ojo de la sabiduría se puede ver que el Ser es lo real, Consciencia y omnipresencia. Aquel cuya visión está oscurecida por la ignorancia no puede ver el Ser resplandeciente...»

Shri Shankaracharya

En el estado de distracción solemos percibir el cambio por contraste, no como un valor absoluto. Sin embargo, cuando estamos lo suficientemente atentos, podemos percibir el movimiento del ser en derredor. Diseminándose en todas direcciones, el Ser todo lo conquista y abraza.

Sin ir más lejos, si contemplamos con mirar absorto una hermosa bandada de pájaros, percibiremos simultáneamente la textura del espacio y la envoltura de su vuelo perforando la ingravidez del aire.

Al observar eso proyectándose sobre un fondo estático, comprendemos la dirección de todo lo que arriba a la existencia: el movimiento a través de la quietud, el devenir a través del Ser. Forma y límite menoscabándose entre sí. Simetría de los opuestos que nos dan un reflejo de la totalidad.

Primero hay un silencio originario. De pronto, una pulsación emerge y se traslada desde el centro, abandonando la quietud; entonces aparece un sentir, una búsqueda que se proyecta hacia la periferia, con el fin de, una vez agotado el impulso, devolverse a la tranquilidad del vacío.

Dentro del paisaje donde cada cosa vive y se transforma, lo que está detrás –Eso tan desnudo– todo lo sostiene con su presencia. Es un movimiento cíclico y eterno: la divina epifanía.

Los pájaros contra la llanura del cielo, el lecho del río que recede al apoyar el caudal de agua, la abundancia de imágenes en el silencio de la Consciencia, la levedad de los días dentro de la boca del tiempo, la cotidianidad de la vida junto a la singularidad de la muerte. Todo es abrazado por un marco. Y el marco supremo es el Ser.

«El olvido de sí es recuerdo de Dios».
BAYAZID AL-BISTAMI

La Consciencia, luz que penetra en los confines, es la marca distintiva de nuestra naturaleza, la fuente auto-luminosa de nuestro ser.

La Consciencia suprema de Dios, el campo divino que vibra fuera del espacio-tiempo, porta en sí todas las potencialidades.

Cada ser ha sido extraído de la fragua de la Consciencia universal, siguiendo el mandato de la inteligencia divina.

Dicho ser lleva impreso en sí la huella del Creador y porta las leyes que han sido sobrepuestas en su Consciencia.

Separarse de esa ley, ignorándola, es sufrir. Observarla por amor a la generosidad del Creador es encontrar paz y bienaventuranza.

«Nuestra alma nunca puede encontrar descanso en las cosas que están por debajo de ella».

JULIANA DE NORWICH

En el hombre postmoderno, volcado compulsivamente hacia fuera, se da una ignorancia del hecho divino, un olvido profano de lo que es real, verdadero y trascendente. Este hombre camina por una senda que inexorablemente habrá de desahuciarlo: un atajo donde extraviará su esencia y despeñará su alma.

Debido a la amnesia espiritual y a su lastimosa inmadurez existencial, el individuo postmoderno no puede reconocerse como lo que es. Un infante en la mente y cuerpo de un adulto, un espectador de su propia existencia disminuida.

Derrotado en la Consciencia, el hombre ignorante ha saturado su mente con placeres vanos e insustanciales, creyendo que ello le traería satisfacción duradera. Se adiestra con nimiedades y se entrena en la vulgaridad de sus días. Su intención es competir con los demás –y sobrepasarlos– debido a un profundo e inconsciente sentido de insuficiencia.

Esto no sabiduría, ni siquiera inteligencia. Vivir y alimentarse del alimento perecedero del mundo es absurdo porque esta vianda es efímera, no es sanadora y pronto huele a podredumbre. Cuando prueba las dádivas fugaces, el comensal siempre se queda hambriento.

Los que se han afanado en cosechar la ganancia y el éxito a expensas de liberación de su Consciencia, a menudo sienten una insatisfacción punzante donde arde la tristeza y el cinismo. Como una culebra que serpentea y remuerde por los pasadizos del corazón.

Lo que el alma verdaderamente anhela –aquello para lo que ha sido creada–, no puede alcanzarse con gestos pueriles.

«En el proceso de identificación surgen poderosos obstáculos».
YOGA DARSHANA

Desde el punto de vista religioso, el hombre recibe su primera instrucción espiritual al ser embarcado en el ámbito de una tradición dada, que habrá de guiarlo a buen puerto. Es el orbe de la cultura cristiana, la cultura judía, la cultura islámica, y así sucesivamente.

Sin embargo, en el hombre genuinamente maduro y espiritual, su Consciencia libre no se adhiere completamente a las manifestaciones de la las tradiciones, pues su Ser trasciende el dominio de las identidades formales.

Al hombre que ha despertado a su verdadera naturaleza ya no cabe designarlo ni reconocerlo según las categorías de las adscripciones comunes.

La revelación de la unidad del Ser transforma radicalmente el núcleo de la Consciencia del hombre, vaciándola de su apego por lo formal-material. Al hacerlo, se enciende el fuego donde la luz restaura su claridad primordial, irradiando en derredor.

Desde esta óptica sagrada de la realización espiritual, un hombre cristiano ya no será cristiano, el hombre budista no será budista... y así sucesivamente.

«El futuro todavía no existe, se está creando.
El ahora que está en límite, en el frente de choque,
es el nuevo tiempo que está viniendo de la nada...»

RICHARD MULLER

En el borde delantero del tiempo, junto al arrecife donde encallan las dimensiones, existe una frontera que separa la substancia del Espíritu. Es un confín abismal que se desplaza a través del tiempo y el espacio, apareando la forma con el vacío.

Si la substancia es el orden de la materia cuantificable, el Espíritu es el impulso motriz que permite la evolución de la substancia.

Cuando la forma adviene a la existencia, se emplaza junto al vacío de lo no-nacido, y ambas lindes, al combinarse, se funden en una exquisita posibilidad cuántica, la esencia de lo real.

Debido a la ley de la entropía, el Universo devora su cuerpo sideral de planetas, galaxias y estrellas. Al regurgitar la materia cósmica, crea un orden inédito que avanza y se extiende como telón de fondo para una renovada presencia universal.

Así pues, todo está reverberando en la punta del instante, abriéndose como un capullo infinito.

O, por decirlo de otro modo: Dios, el eterno principio divino, se reparte infinitamente a sí mismo en la base de cada intervalo universal.

«Pero el reino está dentro de vosotros y fuera de vosotros».

EVANGELIO SEGÚN TOMÁS, LOG. 3

La cuestión de la dualidad entre Dios y nosotros, sus criaturas, surge por un malentendido metafísico y una formulación histórico-religiosa equivocada.

En esencia, el Espíritu divino no puede desgajarse del mundo nuestro que nutre y contiene dentro de sí –pues ello sería abandonar a su creación– lo cual va en contra de su naturaleza infinita y perfectamente compasiva.

Inversamente, tampoco el hombre puede separarse de su Creador, al que le une todo su aliento y vida, pues ello supondría vulnerar –y esquilmar– su naturaleza ontológica esencial.

Tan solo «simbólicamente» puede el hombre separarse de su Creador, dándole la espalda con un gesto de orgullo y suficiencia, como un hijo que despreciase a su padre. Incluso también esto fue previsto por Él en el tiempo primero, de acuerdo con su omnisciente sabiduría divina.

De tiempo en tiempo, Dios acepta borrar su rastro del corazón de sus hijos, pero, en la eternidad, aguarda paciente a que ellos maduren y brote de nuevo la nostalgia en el cofre de sus almas.

No siendo uno ni dos, siempre Hijo y Padre son.

«Atiende a los demás, porque ellos están en ti».

FÓRMULA VEDANTA

El hombre encuentra su sentido abriéndose a la posibilidad del misterio, quedándose en respetuosa apertura, sin saber qué es o de dónde proviene.

En la entrega de sí, cuando es llamado, el hombre encuentra su legitimación pues el darse es fructuoso y placentero, y es a lo que tiende por naturaleza.

Por la donación de sí mismo, un hombre encuentra equivalencia con la infinita generosidad de Dios.

Y el hombre, que se sentía en deuda, en el instante luminoso desea gratificar y servir, ya que lo necesita para poder complacerse y perfeccionarse.

Ese es su mayor sentido, su verdadera razón de existir.

«Vivimos en un mundo que es absolutamente transparente, y Dios está brillando continuamente a través de él».

THOMAS MERTON

A medida que nuestra visión crítica se va desafilando y que la piedra de nuestro corazón se va licuando, constatamos que todos los cuerpos y formas, trazas de árboles, ríos y seres –las cosas visibles, al fin– van perdiendo su opacidad a la luz.

Se disuelve su condición de entes aislados que, a nuestros ojos, taponaban la fluidez de la claridad.

Poco a poco, todo va perdiendo su cerco en el espacio, su poso en el tiempo, la forma grabada en un límite. Libres ya de turbiedad, los seres adquieren una condición de transparencia.

Retornan así las criaturas del exilio de su aislamiento a la gracilidad de la relación, desde su contrición al abrazo de la unidad, desde el temeroso aspaviento a la equidad silenciosa.

Todo se despierta de su densidad y ensueño, haciéndose partícipe de todo.

«Todo lo que sucede, en cualquier forma o en cualquier tiempo o lugar, no es sino una variación de la Única Realidad auto-existente».

YOGA VASHISTA

¿Dónde está la realidad? ¿Qué es lo verdaderamente real? ¿Podemos asir su naturaleza incuestionable y, al mismo tiempo, evanescente?

Por usar una metáfora sencilla que nos sitúe en el filo de la navaja: el núcleo de la realidad es cierto y exacto como una semilla, de la que todo emerge hacia Ser. Pero la corteza de su fruto es profunda e insondable, en la que todo se hunde hacia el vacío.

Poliédrica e ingente, la realidad es Una. Eternamente subyace en su esencia y jamás deja de ser sí misma. Sin embargo, se manifiesta como un «cuerpo» eternamente múltiple y cambiante, infinito en su variedad de tonos y formas inasibles.

La realidad en sí es como un diamante que ha sido tallado desde ilimitadas perspectivas, y sus bordes guardan perfecta simetría con la forma y el vacío en una adhesión incalculable. Lo que ingresa en la forma se extrae del vacío. Lo que sublima la forma, ahonda el vacío.

Cada hombre se coloca frente a lo visible y construye un punto de vista para ubicarse coherentemente en el espacio de la realidad. Por naturaleza, sin embargo, no podemos contemplar directamente la totalidad de lo real porque su aspecto tiene infinitas capas que se penetran y solapan, conformando un ingente Universo polifónico que excede con mucho nuestra inteligencia. Para entenderla necesitamos parcelarla y fraccionarla, extrayendo cada vez un solo aspecto de ella. La mente analiza y disecciona.

De hecho, nosotros formamos parte constitutiva de la misma realidad que observamos; somos puntos móviles de Consciencia dentro de ella. Nuestra percepción es siempre incompleta y provisional: nunca terminamos de captar todos los ángulos y facetas del «diamante». Al esforzarnos por mirar, incrementamos la densidad y lejanía de lo real, haciendo retroceder el foco de nuestro punto de vista.

En el estado de ignorancia, el individuo se apega a su representación particular de lo real, que es el reflejo de sus propias proyecciones interiores. En la medida en que no descansa en la unidad de Consciencia, el hombre no puede conocer la verdad. Aquí conviene abandonar el apego a opiniones e ideaciones particulares, si uno desea diluir su ignorancia. Cada cual ha de abandonarse a sí mismo.

En espiritualidad, lo real es lo que no cambia, aquello que no muda y es constante, eso que no deviene. El Espíritu, síntesis suprema, no es menoscabado o aumentado jamás bajo ninguna circunstancia. Podemos discernir lo real con aquello que precisamente es real e inmutable en nosotros: la Consciencia pura, el intelecto, reflejo del Espíritu.

En lenguaje teísta, equivale a decir Dios y todo lo que se extiende bajo su creación: su Palabra y su Verdad. Para Oriente, en términos impersonales, lo real es siempre Eso eternamente incondicionado: *Moksha*, *Nirvana*, *Tao*, *Brahman*.

En ambos casos, todos los puntos de vista se han replegado y colapsado en un punto cero metafísico, el alfa y omega generador de principios y leyes universales. La juntura de lo real.

Para el hombre realizado, la aprehensión intuitiva de un aspecto de la realidad –una faceta del diamante– se realiza mediante el *insight*, que es un destello de comprensión más allá de la mente, que provoca una toma de Consciencia liberadora.

«'¿Quién eres tú?' 'Soy tú'».

Jaiminiya Upanishad Brahmana, III

Tras su periplo por la casa del mundo, las almas –que son mónadas de Consciencia– son despojadas de su *yoidad* y retornan al regazo de la Consciencia universal de Dios.

Dejan de ser para sí y funden su luz en la esencia de lo divino.

«Ni por barco, ni por viaje a pie, encontrarás el maravilloso camino al Campo de Hiperbóreas».

PÍNDARO

¿Por dónde camina la vida del hombre verdadero? Como en una mapa de navegación, la dirección de su aventura espiritual puede dibujarse –evocarse– mediante dos ejes codificados en su ser, que expresan dos tendencias o recorridos potenciales.

El eje horizontal, que marca la dirección hacia fuera, representa el encuentro con la alteridad: el prójimo y el cuidado del espacio interpersonal. De acuerdo con las leyes que rigen este plano, el hombre, al ofrecerse a sus congéneres, abandona su ensimismamiento egoísta. Honra sus vínculos, mediante la transfusión de sus dones a la comunidad y al mismo tiempo se honra a sí mismo. Se encarna en la intimidad del amor.

El eje vertical, en sentido descendente, marca la dirección hacia uno mismo, el plano de la individuación. Aquí el hombre despierta su Consciencia e integra sus cualidades intransferibles, además de purificar las tendencias psicológicas en el ámbito de una madurez libre y responsable. Dándose una presencia real y sostenedora, el hombre se infunde a sí. Se encarna como un ser en la realidad.

Ese mismo eje vertical, en sentido ascendente, traza un camino de autorrealización mediante la depuración de los dos vectores anteriores. El hombre se prepara para la trascendencia de sí mismo, que es el sentido último de este viaje supremo. Verdad y amor se solazan en un crisol de plenitud en la cueva de su corazón.

Finalmente, en el misterio profundo y sagrado del Ser, comprendemos que cualquier «tú» y «yo» está entrelazado en el «nosotros» como hebras de un mismo tapiz. El «nosotros», transfigurado y trascendente, es reflejo del cuerpo divino inagotable que no caduca ni muere jamás.

«Usted vive en la casa pero la casa no es usted mismo».

NISARGADATTA MAHARAJ

A medida que transcurre la existencia, un hombre se acostumbra a percibir su propia biografía poniendo énfasis en el aspecto de su naturaleza relativa, esto es, lo que constituye su yo, el nudo donde están congelados deseos, sentimientos y recuerdos. Sin embargo, la evolución de la existencia empírica siempre lo «traiciona» y se torna en su contra, desbaratando su planificación y decepcionándolo.

Debido a la fuerza de la identificación, este hombre cree que es un individuo aislado. Cuerpo y mente de un sujeto que está destinado a desaparecer, como un punto minúsculo que se traslada por el pavimento del tiempo.

A menudo este hombre padece inquietud y estados dolorosos. El resto del tiempo estará luchando afanosamente por alcanzar el objeto (u objetos) de su deseo, ignorando y temiendo si podrá llevarlo a buen término. De ahí que cualquier sobresalto o infortunio en vida se viva como un desgarro de la identidad y una humillación existencial.

Sin embargo, si el hombre está despierto a su verdadera naturaleza, podrá aprehenderse desde la amplitud de su esencia profunda.

Lo que verdaderamente es, esa Consciencia pura de Ser, no conoce el envejecimiento, la enfermedad o la muerte. En ella nada transcurre, nada viene ni se va jamás. Para su medida, el transcurso de un día o un año, incluso una década, equivale a un soplo de brisa refrescante, un susurro que no deja poso alguno en la presencia del Ser, que no se puede quebrar jamás.

En su naturaleza infinita, un instante de claridad tiene el don de implantar una semilla de iluminación.

«Es el poder de la apariencia lo que nos extravía».

PLATÓN

El mundo ordinario es el escenario en que representamos nuestra existencia. Como en un teatro provisorio, la obra es sostenida mediante un juego de fuerzas opuestas y complementarias, siempre activas y en continua sucesión: noche y día, placer y dolor, vida y muerte...

Pero la realidad del mundo es solo un pliegue de la Consciencia universal, un lapso de tiempo que se encarna por una fracción de segundo. Tras un instante ese *momentum* preciso se desvanece y se diluye en el pulso renovado de la eternidad.

Desde un punto de vista relativo, el mundo es estrictamente *maya*, aparición y desaparición de todos los procesos –impermanencia, nos dice el Buddha. Inconsistencia radical de una realidad en perpetuo cambio y transformación.

Pero desde la perspectiva de lo Absoluto, la verdad del hombre es Ser que no difiere del principio divino, el cual no tiene principio ni final. El hombre ancla su ser en la manifestación terrena, pero también presiente su naturaleza divina incorruptible.

Si el hombre está constituido a imagen y semejanza de Dios, ¿cómo podemos conjugar en nosotros lo caduco y lo imperecedero? Arrastramos en el pecho este enigma, dulce y terrible al mismo tiempo.

«Dios es inteligencia ocupada en conocerse a sí misma».

MAESTRO ECKHART

¿Se conoce Dios a sí mismo como el hombre se conoce a sí? ¿Posee Consciencia de su talla universal?

¿Cabe haber, en toda su omnipotencia, una medida a través de la cual pueda saber de sí?

Si Dios, que es toda la Consciencia universal, no tiene Consciencia de sí mismo –porque excede cualquier representación–, entonces tampoco la tiene de nosotros.

Pero si Él se empequeñece y aguarda en nosotros pacientemente, entonces nosotros seremos su proporción de amor, como en un espejo fidedigno.

Cuando Dios humilla su Consciencia, de pronto siente por contraste nuestra fragilidad y finitud.

«Tú crees que no eres nada, y, sin embargo,
es en ti donde el mundo reside».
AVICENA

Conocer, amar y descansar en lo divino es el fin último de todo, el acicate de cualquier forma de existencia. Dios es el andamiaje de toda ley verdadera, el impulso de la fuerza de la evolución.

Aunque está inscrita en el códice de sus entrañas, la mayoría de seres desconocen a su fuente creadora e ignorantes la violentan con ofuscación. La ignorancia ha velado su percepción sobrenatural; ya no recuerdan su origen ni saben precaver su destino espiritual.

En el momento en que el hombre abandona su ensimismamiento –la sujeción egocéntrica de sí–, atraviesa la ilusión del sufrimiento y empieza a vivir en amor a la verdad.

Cansado de sus sueños fraudulentos, un hombre atraviesa el glaciar de su corazón y se acerca a las fuentes donde mana su salvación: empieza a beber.

Corta las ataduras de su miseria y se alía con la expansión de la Consciencia, que es voluntad del Espíritu.

Por fin comienza a saciarse.

«¡Oh, Sariputra! La forma es el vacío
y el vacío mismo es la forma...»
SUTRA DEL CORAZÓN

El Ser es la interrelación justa entre lo que nos es propio y ajeno, entre lo conocido y lo extraño, como un istmo que derrama luz sobre la sombra. El Espíritu intersecta la totalidad de los planos. Es la sutura que remeda el abismo de las dualidades.

En su magnificencia cósmica, el Universo ha previsto para nosotros la belleza de lo que nos es consubstancial: el mundo de la forma, el cuerpo y la vida. Pero también nos alienta a mirar hacia un espacio ignoto que desconocemos y que nos atemoriza: el del vacío, la ausencia y la muerte.

No podemos conocer lo *informe* del vacío, despreciando el corolario de la forma, que es lo que vive. La forma es anticipatoria de lo venidero, lo invisible. De manera viceversa, no podemos concedernos a lo informe –que es nuestra última forma– si no soltamos nuestro aferramiento, nuestro miedo de no ser, como cuando no éramos aún.

En este sentido, al vivir hemos de trasladarnos con un doble asentimiento bajo el alma: embargarse y soltar, amar y abandonarse.

Forma y vacío forman en nosotros una comunión, una paridad divina.

«El Tao que puede expresarse no es el Tao permanente».

TAO TE CHING

Como un misterio que de tan palmario se nos hace irrastreable, en algún momento desvelaremos el secreto de que todas las cosas están unidas y sustentadas. No pueden darse soporte a sí mismas, ni tienen la capacidad de la total autosuficiencia.

Para que los seres vivan y los hechos emerjan, se necesita de un principio inmutable que los penetre e insufle. En sí, las cosas moran en su contingencia relativa, pero solo a través del Espíritu están plenas de fundamento, llenas de ser.

Este fundamento es un plano sublime que está apoyando a la Creación más allá del tiempo, pivotando debajo de las formas incontables que entran al espacio de la manifestación. Es humilde y callado como un tímido riachuelo, pero, al mismo tiempo, es grandioso y atemporal como el corazón del Universo.

Es el molde cósmico de todas las cosas: una «plantilla» indestructible que entrelaza a todos los seres sensibles y los sujeta en un abrazo de amor e interconexión profunda.

No podemos verlo directamente, pero a través de su mirada propicia que todo sea visto. No podemos retener su instante, pero se reblandece para que el tiempo brote. No podemos aferrar su cuerpo, pero concede que todo cuaje en amor.

«Él se actualizó a Sí mismo en el ser».

PLOTINO

En el principio de todo, ya estaba eternamente su final.

De la nada no puede –no pudo– surgir el Ser. En lo que era y es, no cabe el extinguirse, pues ha surgido del Espíritu. Puede dejar de existir, pero no de Ser.

El Espíritu en todo es inconmensurable y pleno, inteligencia de amor que se expande y contrae, como un soplo que no se agota jamás.

El Ser, alentado por el Espíritu, se despliega alternando la forma y el vacío, evolucionando siempre hacia un orden superior.

Y lo que habrá de ser –pura manifestación de la forma– ya está en desvelamiento de sí mismo, que es lo vacío en el Espíritu.

Jamás hay retroceso.

Al final de todo, habrá nuevamente un principio.

«El ego debe saber que solo es un sirviente del ser más grande que se encuentra en el interior. Su función principal es buscar el contacto deliberado con el ser más grande del interior».

CPG 158, PATHWORK

Al nacer a este mundo, llegamos blandos e indefensos, sin recursos, provenientes de un estado amorfo de inconsciencia, sueño y desvalimiento.

A medida que crecemos e interactuamos con el entorno, nos vamos escindiendo de esa unidad primitiva. Paulatinamente nos recubrimos con un caparazón que está hecho de miedo y orgullo, conflicto y separación.

La finalidad de este proceso es sobrevivir, adaptarnos a los moldes establecidos y llegar a investirnos de una identidad diferencial y exclusiva, una máscara: mi propia personalidad, con la cual me identifico.

De manera inconsciente, desde la infancia más temprana, en nuestra psique se va solidificando un yo, una escisión o «nudo» constituido por la acumulación de hábitos y recuerdos, tendencias y deseos, etc.

A medida que el proceso de solidificación de ese yo psicológico se va consolidando, el individuo crea un falso centro en su Consciencia. Se parapeta detrás de un «escudo» que, en teoría, ha de protegerlo de las inclemencias y dificultades de la vida. Por el contrario, su atadura permanecerá escondida en la mente y lo condicionará dolorosamente, si no es observada con cuidado y atención.

Si miramos en profundidad, advertimos que el peso de ese «escudo» lo constriñe y lo aísla. Lo entorpece a la hora de abrirse y sentir el contacto profundo con otras personas y con la vida en apertura. Esto lo empuja hacia un estadio inferior del ser, donde no puede crear una conexión con el resto de seres ni experimentar un placer positivo y real.

Este estadio inferior del ser es el ego –el yo psicológico–, el centro ilusorio de mi identidad, con su conglomerado adyacente de características. Este es el estado donde la inmensa mayoría de seres humanos adultos se encuentran ubicados, psicológica y existencialmente hablando.

En realidad, desde un punto de vista espiritual, el ego es la contracción, el «hueso» del dolor y la separación: nuestra condición primaria y no evolucionada. Se alimenta de la fragmentación de la mente, de las imágenes no observadas, vive y crece de la identificación con los contenidos del pensamiento condicionado. El ego es la cristalización de nuestra autoimagen falsa, de que la que nos servimos y alimentamos.

Tristemente, cuando vivimos por y para el ego, entonces olvidamos las grandes verdades de la existencia e, inconscientemente, renunciamos a ellas: la profundidad sagrada de nuestro ser, la relación de unidad con todo y la experiencia de lo divino.

Al vivir desde la limitación del ego, experimentamos el dolor, el conflicto y la ansiedad del sufrimiento.

Psicológicamente hablando, el ego equivale todavía a la etapa infantil y primaria en el proceso de individuación de un hombre adulto y, como tal, se trataría de un adulto que no ha «crecido» a su pleno potencial y está en carencia, necesitando de un nuevo desarrollo ulterior. El «huésped y el anfitrión», explica metafóricamente el Zen. En todo hombre hay un huésped y un anfitrión: la Consciencia que ejerce de anfitriona y su «objeto», el ego, que es un huésped, con su idiosincrasia particular.

Siguiendo esta metáfora, nuestra tarea humana y espiritual sería establecer contacto, consciente y deliberadamente, con el orbe del anfitrión. Derribar el muro ilusorio que nos separa de él, de modo que nos reconozcamos por lo que somos: luz de presencia consciente, libertad pura, más allá de mi identidad limitada. Un espacio donde el nudo del yo pueda ser observado –y eventualmente deshecho– de modo que cada nivel y capa del psiquismo puedan recuperar su orden e integridad, proporcionando paz y bienestar al individuo.

Según cada cual, y si tenemos la suerte de que la providencia nos azuce oportunamente con su dedo, el ego experimentará el sufrimiento y la pérdida. Tal vez en ese momento sintamos nostalgia de la integridad relegada, un anhelo por nuestra completitud perdida.

Esa nostalgia es el inicio de un nuevo rumbo hacia la integración en nuestra existencia, hacia la casa intemporal de nuestro ser. Es el inicio del camino espiritual.

«Yo y mío es siempre sufrimiento».

FÓRMULA BUDISTA

Entre las dos orillas que bordean el río de la existencia humana –la ribera del placer y la del dolor–, el hombre inconsciente vive aprisionado, rehén de su yugo interior.

Agitado por deseos y temores, el individuo se fatiga entre la atracción y el rechazo de las cosas, un ir y venir que lo lanza de la euforia a la pesadumbre. Cuando permanece inconsciente, es zarandeado por un constante vaivén de inquietud y desazón.

El falso yo se solidifica en los impulsos egocéntricos y se prolonga en las posesiones, méritos y ganancias: lo que es yo y mío. Esta autoimagen sofocante produce un agotamiento de la percepción, el entumecimiento de la Consciencia. Le impone al hombre un aislamiento que no advierte, quedando incapacitado para conocer la realidad verdadera, que es una y plena.

El yo del hombre inconsciente es como un sumidero que está continuamente dragando conflicto e insatisfacción. Sediento de experiencias que hayan de procurarle alivio, busca un lenitivo para curar su perenne ansiedad, pero no lo encuentra. No advierte que este es un ciclo infernal, que se retroalimenta a sí mismo y no tiene fin.

Al vivir en una condición de carencia, el ego no puede encontrar refugio en la manifestación de la dualidad, la plenitud que imagina y proyecta. Desconoce que ese esplendor anhelado no tiene objeto o medida, sino que es una riqueza sin forma, no sujeta a mengua o desaparición.

Cuando el yo finalmente contempla su pobreza y ha comprendido la naturaleza ilusoria de su identidad, se torna pacífico y transparente. Accede a integrarse en el espacio de una Consciencia mayor, abierta y vacía, libre de tensión y fijaciones.

Entonces experimenta la paz del silencio, la dicha del reposo y por fin puede liberarse.

«Es Dios mismo quien está jugando en forma de hombre».
SRI RAMAKRISHNA

A través de los campos eternos e insondables del Universo, bajo una nebulosa abismal que no conoce el tiempo, el misterio de la vida ha coagulado y emergido con una precisión imponderable, la manifestación evolutiva de la gracia.

Simultáneamente, el silencio del Espíritu ha transmutado su cepa universal en energía vibrante, inoculando sus nutrientes en el humus de la materia inerte. Ha permitido que la Consciencia pudiera brotar y florecer como Ser.

Cada ser vivo ha recibido en donación una fracción de esa Consciencia –la luz dentro de sí– que a su vez contiene un fractal de la esencia cósmica.

Todo ser lleva fijado un sentido de sí mismo –un núcleo de *yoidad*– que no es sino el reflejo individual y particularizado de la universalidad de la vida.

Dios, el eterno principio consciente, vibra como *yoidad* suprema del Universo.

«Por eso, liberado de todo apego, realiza siempre la acción que tienes que realizar, pues actuando sin ningún apego, el hombre alcanza lo Supremo».

BHAGAVAD GITA

Cualquier cosa que haga el hombre solo en beneficio propio, una idea u objetivo que nazca en la esfera egoica y se dirija hacia la gratificación de su yo, le dejara inevitablemente insatisfecho.

Una acción mediada exclusivamente por el deseo de auto-satisfacción es un evento de rango limitado y resultado parcial. Refuerza al hombre en su condicionamiento y lo encadena hacia un decurso privado de libertad real.

Si el hombre desea encontrar liberación en el ámbito de la acción, ha de transformar las motivaciones profundas que lo incitan a actuar. Debe evaluarlas a la luz del discernimiento y, sumergiéndose en la Consciencia, alinearlas con un fin superior.

Cuando el agente ha desaparecido del acto y prevalece la autoría impersonal de una posición no-egoísta, una fuerza energética poderosa coadyuva con el buen despliegue de la obra. La eleva a un estadio más vasto, profundo y abarcador, y de consecuencias más relevantes y transformadoras para el conjunto de los seres.

«Sin encarnar nuestra luz, nunca podremos alcanzar la autorrealización».

ANADI

La mayor parte del sufrimiento neurótico proviene de la ignorancia de los movimientos en la mente, de la ausencia de realización en su naturaleza esencial.

La falta de luz consciente provoca que no exista solidez interior y que no haya ningún sujeto cognoscente y cognoscible. Las modificaciones de la mente (imágenes, pensamientos, emociones) perturban su equilibro natural y homeostático.

Metafóricamente hablando, esto sería como el espacio de una vieja casa abandonada que, paulatinamente, acumulase polvo y mugre. Debido a que el propietario ha estado ausente por largo tiempo y no ha habido ninguna limpieza y saneamiento, se hace irrespirable entrar en ella. Por el contrario, en la medida en que el dueño de la casa sí habite conscientemente su hogar, cuide de la depuración del aire y la luz, de la salubridad del espacio, la presencia de Consciencia será, en sí misma, reguladora y purificante.

Cuando la luz de la Consciencia despierta –ha encarnado su subjetividad– entonces el dueño ya puede, por fin, integrarse en armonía y habitar su casa.

«El amor es el astrolabio de los misterios de Dios».

Rumi

En la unidad inquebrantable del amor –punto de confluencia de todos los órdenes– subyace toda la verdad.

Brilla el «reino de los cielos» en la corola de cada segundo, en la flor inmaculada del instante. Siempre ha sido así y será así, eternamente.

«Nosotros amamos a Dios con su propio amor;
la conciencia de ello nos deifica».
MAESTRO ECKHART

Solo Dios es capaz de arrancar al hombre de la nada.

Infundiendo amor a la criatura restituida, la bendice con todo su Ser.

Pero también el hombre, que porta lo divino en sí, en su devoción humana infunde a Dios.

De acuerdo con su voluntad suprema, Dios solaza al hombre en el amor, y en el fruto del amor, la criatura queda expandida.

«Abandona tu vida, si quieres vivir».
PRECEPTO TIBETANO

Desde su aparición a través del espacio de la potencialidad hasta la culminación de sus facultades, el hombre está abocado a una condición mortal. Se topa con su propia finitud congénita.

Como ser perecedero que peregrina hacia su desaparición, sabe que su vida ha de ser amortizada por la muerte, mas, en la cueva de su corazón, anhela ser prohijado por el Universo.

Si a cada instante el Universo nos ofrece su aposento –un manantial de sol, agua y tierra–, el hombre consciente, que es imagen de ese soplo, puede despertar su vocación de Ser, realizarla amorosamente y honrarla, lo cual es predisponer el encuentro con el Creador.

En él coexiste una doble naturaleza insólita: la sedimentación de la muerte y el deseo por la eternidad. El hombre es un animal esperanzado que, en última instancia, tiende a la eternidad.

«Somos trozos de acero y tu amor es el imán».

DIVANI SHAMSI TABRIZ

¿Qué es el amor y dónde encontrarlo? ¿Es una cualidad que hemos de pulir vigorosamente, como si fuera una veta hundida en la piedra del corazón? Para hallarlo, ¿debe el ser humano penetrar su naturaleza inferior?

Existe una emoción instintiva, propiciada por la naturaleza, que tiene como función cohesionar a los diferentes partícipes de la simbiosis orgánica. Por ejemplo, el bebé requiere de su progenitora para sentir la conexión de apego, y, cuando es sujetado entre los brazos, ambos se conmueven felizmente. En otras situaciones, lo que suscita el despertar del amor es la atracción hacia un objeto u experiencia concreta. Así sucede con el esposo que desea poseer la belleza de su esposa, llevado por la pasión sensual.

Cuando el objeto anhelado se vislumbra, su reflejo en la mente despierta el deseo. Parece que recrea la plenitud del amor, intensificado por una fascinación inconsciente. Sin embargo, esta proyección sobre el objeto no suele trascender, ya que a menudo se agota en la irrealidad de su imagen.

En cambio, el amor verdaderamente consciente no es un sentimiento ni una emoción. No es una atracción o un objeto, sino que es la naturaleza verdadera del sujeto: luz de la pura Consciencia. Ella es fuente de sí misma, de la que el amor es como un manantial.

Al brotar libremente, ya no existe lucha ni esfuerzo por amar. Todo fluye espontáneamente como una corriente que cura la escisión de la persona: amor que es unidad de Ser.

Finalmente, en los planos más elevados, el amante, embriagado y dichoso, observa la danza de la creación –el hijo, la madre, la esposa...– y sabe que todo es sagrado, pues todo es espejo donde reconocer a su Amado.

Nada se excluye ni se queda fuera de su presencia en ciernes. Presencia que, al abrirse y derramarse, goza de sí misma: holgura donde todo goza en todo. Este es el amor del Amado.

«Las cosas que no son inmutables, no son de ningún modo».

San Agustín

El aspecto exterior de la manifestación muda continuamente, cambia de posición y se desliza a través de los infinitos segmentos, nombres y modos, de lo que llamamos «realidad».

Al surgir, cada apariencia viste un nuevo ropaje, un atavío inédito que acaso no haya de repetir jamás. Una y otra vez, este escenario se recrea en una sucesión interminable de ángulos y formas, sombras y vestigios, tantos como reflejos caben en la superficie del océano.

Si nos quedamos prendados del reguero de imágenes y nos identificamos con su infinito movimiento ondulatorio –el baile de la Maya–, nuestro corazón se extraviará como un niño que corre detrás de volutas de humo.

Sin embargo, al descorrer los velos que recubren la mirada, comprenderemos que su esencia siempre es idéntica a sí misma. Su naturaleza es incorruptible y su divina faz no conoce el decaimiento o la destrucción, donde no existe el devenir ni la involución. Su naturaleza es puro Ser.

Su rostro es *nuestro* rostro último, el que ve la identidad de Dios en Dios.

«La verdadera humildad es verse libre de la importancia de uno mismo».

ADAGIO BUDISTA

No podemos cultivar conscientemente la humildad a expensas de la imagen de nosotros. Ningún ego va deliberadamente en contra de sí mismo, menguando su estatura psicológica y su posición existencial.

La única manera de entrar verdaderamente en humildad es descubrir y entrar en contacto con lo que es más grande que nosotros. Lo que sobrepasa al ego humano, pues de hecho lo contiene. Cuando Eso es vislumbrado, el yo realiza su auténtica pobreza, ocupando su asiento de quietud y luminosa transparencia.

«La liberación no es nada nuevo que sea conseguido».
SHRI SHANKARACHARYA

Según cada cual, la búsqueda del sentido de la vida vendrá elaborada por su condicionamiento personal. Las experiencias vitales, la educación recibida y las disposiciones innatas, a saber, el temperamento y el carácter, forman la personalidad condicionada.

Una vez que se ha rebasado el límite del yo, el sentido integral de la vida llevaría a apuntar a la completitud de la misma, lo cual que es *autorrealización*, entregándola después al plano universal, lo cual sería *trascendencia.*

Al principio, en el estado de ignorancia no existe la pregunta sobre el sentido. El vivir es inconsciente y el individuo no tiene atención ni sensitividad para buscar su verdadera naturaleza. No puede identificar que existe una vida, la suya propia, lastrada por falta de despliegue evolutivo. Y puesto que la pregunta por el sentido ni siquiera se formula, en su lugar aparece el vacío. En el fuero del corazón supura como una insatisfacción crónica, la tristeza del desasosiego.

Después, cuando el individuo empieza a madurar, la pregunta va emergiendo y se abre paso, tímidamente, en la mente del sujeto. Se escucha la voz de un afán liviano, desde un humilde resonar.

Sin embargo, ante la inquietud que provoca su reverberación, la tentación primera es anularla y desecharla, buscando afuera el apoyo de los propósitos y fines («quiero ser esto, quiero ser aquello, quiero conseguir lo de más allá»).

En este caso, proyectamos todo el sentido sobre los «objetos» externos que aplacan mi ansiedad y temor: mi carrera profesional, mis familia, mis obras, mis posesiones...

Al proceder así por ignorancia, nos sometemos a la ley de la caducidad, que al cabo lo aniquila todo y nos deja aturdidos e indefensos. Esto derroca y hunde el sentido, lo pervierte, pues supone renunciar a la totalidad a cambio de una nimiedad.

Por último, cuando un individuo ha trascendido su reclusión egocéntrica, los planos interno y externo se encuentran y se tocan.

Entonces se resuelve que el sentido es el núcleo exacto de la vida despierta. Su presencia vibrante y eternamente una.

Por gracia de liberación, la vida se ha conocido a sí misma y no ha de proyectarse en nada. El Ser de la vida se transmuta en la fuente de la Consciencia.

«Soportad lo que es necesario, pues es necesario».

SEXTO, EL PITAGÓRICO

El hombre puede interpretar el pequeño «libro» de su existencia desde dos puntos de vista, en apariencia contradictorios: la mirada esculpida en la dimensión personal y la mirada irrefutable que se cifra en la dimensión universal.

Una cosa cierta es lo que anhelamos –nuestros deseos y aspiraciones individuales–, y otra cosa muy diferente es lo que incidentalmente se nos provee, que llamamos comúnmente *destino*. Cuando lo que anhelamos difiere de lo que el Universo nos «entrega», entramos en fricción y sufrimos, experimentando frustración e impotencia.

Sin embargo, si vemos que nosotros y el Universo activamos al unísono un espacio de sentido unificado, comprendemos que no estamos en discordancia. Aunque en apariencia vivamos fuera de su protección, como extraviados a la intemperie, somos cohabitados por él. Está dentro de nosotros y nosotros dentro de él.

A pesar de su inexorable fuerza destructiva, el Universo es Ser infinito y creativo, donde lo que acontece es aquello que se precisa para el aprendizaje y la evolución. De otra manera no puede ser, ya que nada se malogra verdaderamente ni se desperdicia. De un mal menor, cunde un bien mayor.

La percepción de la grandiosa magnanimidad del Universo –o su hostilidad aparente– depende de nuestro estadio de Consciencia, que inevitablemente nos determina. Nuestra pequeña vida es el microcosmos de su esencia infinita: somos la Consciencia de la Creación.

«Para entender lo inconmensurable, la mente tiene que estar extraordinariamente vacía».

KRISHNAMURTI

¿Puede haber un instante de comprensión que nos conduzca a una libertad duradera? ¿Una apertura de Consciencia donde captemos, de una vez por todas, la experiencia de la luz en sí?

¿Hay un momento más allá del tiempo en que el hombre pueda conocerse, y al despertar se redima de una vida lastrada por el sufrimiento?

¿Puede un hombre encontrar por sí mismo, con paciencia y discernimiento, la emancipación del dolor? En este momento suyo e irrepetible, que es la coronación de todo tiempo ¿quién habría de salvar al hombre, sino verdaderamente él mismo?

Con el fin de que un hombre pueda recibir Eso que no tiene medida, tiene que depurar el instrumento de medición, su mente despierta. Alumbrarse con la antorcha de un corazón purificado, donde pueda rebrotar la verdad.

«Reconciliada con su creador, el alma ha perdido su nombre, pues no existe: Dios la ha absorbido en él, igual que la luz del sol consume el alba hasta que desaparece».

MAESTRO ECKHART

Cuando la Consciencia se ilumina plenamente y realiza su advenimiento, el hombre que sentía portarla como si fuera su objeto, queda absorbido en el espacio de la presencia.

Así, el hombre abandona su condición personal y se convierte en simple realidad viviente. Se transfigura en silencio.

Cesa su condición de sujeto que protagonizaba su propia vida sola –el individuo– y se (pre)siente en la vida inmensurable de todas las cosas.

Lo divino abraza al hijo porque el hijo reconoce lo divino.

«No se puede ver a Dios y conservar la individualidad».
Sri Ramana Maharshi

Es un hecho cierto que vivimos como si no fuéramos a morir nunca, y cuando morimos, desaparecemos como si nunca hubiéramos vivido. Vivimos en tierras de penumbra, somos ignorantes de la disolución de nuestro aliento.

Cuando moramos en este reino del olvido, ¿son *nuestras* las vidas que vivimos? Desde un punto de vista, lo son, porque en ellas habitamos y nos cumplimos como seres animados. Pero no desde otro punto de vista, ya que su curso está fuera de nuestro dominio y control.

Así pues, ¿a quiénes pertenecen nuestras existencias? Un día, estas aparecen, emergen y se desarrollan. Son traídas. Tiempo después, se marchitan, se consumen y desaparecen. Son llevadas. Y, con ellas, desaparece aquel que se desvivió, uno que luchó por expandir su vitalidad, aquel que trabajó en procurarse placer.

¿Todo lo que somos es un yo? ¿Este crisol de instintos y recuerdos levantado entre dos boquetes de tiempo? Si es así, acaso no hayamos existido por entero, porque la duración del yo no fue –ni nunca es– prueba de realidad. Como tampoco sabremos jamás que ya hemos muerto un día, en una noche de insolación y oscuridad.

Sin embargo, si ya somos toda la vida eterna e increada que antecede y secunda a este cuerpo-mente, ¿es esa no-forma Eso que llamamos lo divino? Estamos hechos de la Consciencia del Ser, donde vida y muerte se suceden, en un espacio de fertilidad y silencio. Sin ella no podríamos haber vivido en todo y para todo.

«¿En quién, cuando avanzo, estoy avanzando?»
PRASHNA UPANISHAD, VI, 3

Los hombres tienden a cuantificar su existencia de acuerdo con los réditos de placer y ganancia que han obtenido. Su particular vara de medir es el disfrute de las experiencias, los logros personales y bienes acumulados.

Según esta comparación, cuanto mayor sea el número de intensas gratificaciones que uno viva, tanto mejor. Lo cual, llevado a su extremo, conduce a un hedonismo exacerbado –un materialismo de experiencias– muy propio de nuestros tiempos.

Sin embargo, pocos aciertan a calibrar su vida desde la noble profundidad que ofrece la sabiduría impersonal. Existe una diferencia, en ese sentido, que puede describirse.

La experiencia, al incorporarse, habitualmente queda engrosada al ego. Pasa a ser el material con el que se construyen la memoria y la autoconsciencia o identidad del individuo. Se trata de un aprendizaje por acumulación, una identificación de la mente empírica, que, por sí misma, no puede ni sabe transformar la estructura del falso yo.

En la recreación de una experiencia, si no existe el discernimiento, se da una nueva inflación del yo. Otra capa de refuerzo para el ego, lo cual obstaculiza la realización de la libertad.

Sin embargo, en la auténtica sabiduría que libera, no hay un yo psicológico que se apropie de lo vivido. La comprensión adviene *en* y *desde* la vacuidad de la Consciencia, fuera del proceso de devenir.

Aquí lo importante ya no es la experiencia en sí misma –que es un velamiento de la atención– sino más bien «quién» experimenta cada instante del vivir.

«Dios se hizo hombre para que el hombre pueda hacerse Dios».

San Atanasio

Todo lo que vive arrastra en su pecho un doble estigma: una grieta que esconde –veladamente– una rosa y un puñal.

Por un lado, el alma, al existir, se desborda de alegría, pues recibe todo su ser por la gracia del Creador. Y el amor es ese alborozo de ser.

Pero, desde otra perspectiva, sufre lo indecible porque ha perdido, en el hilo del tiempo, la beatitud de la unidad divina.

Desde el borde de la Creación, Dios empuja al hombre fuera de sí para que su alma busque retornar.

«La copa es la religión, la espiritualidad es el vino».

A la largo de la Historia, los grandes sistemas religiosos han actuado como implacables ordenamientos del sentido, proveyendo al hombre de normas morales, ritos y dogmas teológicos. Operan como estructuras simbólicas que deben ser asumidas por el hombre a través de un proceso de inculturación religiosa.

Se trata de un proceso que presiona «desde fuera hacia dentro», la imposición, férrea y sutil, por parte de la tradición. Una asimilación áspera y bruta que no fortalece sus antenas espirituales internas, diseñadas para percibir y asimilar las grandes leyes universales. Y un hombre que no conoce la ley, no puede dirigir su existencia.

En la medida en que el hombre no es un receptáculo sellado sino una criatura abierta y dinámica *per se*, experimenta que la realidad que vive es como el esbozo de una ficción. Una fantasía que no le ennoblece ni le eleva hacia la centralidad de su vida. Una sustantividad herida e insuficiente.

Al tomar Consciencia de su ignorancia, el hombre ineducado debe trabajar sobre sí mismo, quebrando el endurecimiento de su corazón. Sus contenidos psicológicos pasan a ser la materia bruta de su labor, como arcilla entre los dedos de un alfarero.

Si por imposición de la autoridad un hombre renuncia a su autonomía, que es fuente de evolución espiritual, entonces todo se malogra bajo el peso de la sumisión doctrinaria. Acabará por mancillar su esencia libre y eternamente radiante.

No es la belleza de la copa, ni la perfección de su simetría, lo que el hombre debe admirar. Es la gloria del vino salvífico y unitivo lo que el hombre anhela probar. Su sabor dulcísimo donde se prueba la intimidad del alma con la divinidad.

El hombre es recipiente de experiencia interior, receptáculo de vida que se vierte como don.

«Igualdad es diferencia, diferencia es igualdad».

FÓRMULA ZEN

Lo divino está dentro del hombre, en el abismo de su más profundo ser, pero también está fuera de él, sobrepasándolo con su infinita exterioridad.

Dios es el sujeto de la realidad última del hombre, que es un objeto del Universo, pero a su vez el hombre es el sujeto de su existencia y porta en sí toda la objetividad de la verdad.

En realidad, no existe nada que sea interior o exterior con respecto de nada.

Dios y el hombre, verdad y subjetividad, bailan juntos una eterna danza entreverada.

El Padre y el hijo están inter-penetrándose.

«Como perro que vuelve a su vómito es el necio que repite sus necedades».

PROVERBIOS, 26,11

La imperfección de la existencia humana es el precio que debe pagar el alma cuando desciende al mundo.

Si el mundo fuera puerto seguro –como un deleite sin fin– el alma quedaría embelesada y estancaría su progreso, impidiendo así su evolución.

Sin embargo, al experimentar el estado de carencia y dolor, el alma comprende que el mundo, en última instancia ilusorio, no traduce la verdad.

El alma debe estar madura para llegar a desapasionarse con las cosas del mundo y atañerse a lo divino. Entonces rememora su afán verdadero y recupera su aspiración a la Fuente.

«La modificación es el medio por el que todos los seres son producidos; la transformación es el medio por el que todos los seres son absorbidos».

SHI-PING-WEN

Por ignorancia, la mente congestionada adopta el contorno de un yo aislado. Al experimentar el mundo choca con infinidad de estímulos y se contrae violentamente, causando sufrimiento al individuo.

Pero cuando se libera del dolor, la consciencia libre es insuflada por todo el espacio. Su luz pura se modula y expande acogiendo en sí todas las posibilidades, todos los puntos de vista.

Ella es siempre todo: lo finito e infinito, el ser y el no-ser, el alfa y el omega de la creación. Ella estará en nosotros después de que nosotros dejemos de ser.

«En la búsqueda espiritual, quien piense que obtendrá el éxito sin esfuerzo personal, es un iluso; pero quien piense que lo alcanzará a base de esfuerzo personal, es un arrogante».

ALI IBN ABI TALIB

Lo divino no está manifiesto en exclusividad para sus fieles, los creyentes, ni está oculto para los que, distraídos, ignoran su presencia. Dios no es el objeto de una mera creencia u opinión. Uno no puede creer en Él y atravesarlo con una aguja mental como para disecarlo, lo cual sería una mera trasposición de los contenidos individuales.

Dios tampoco es un objeto de culto, el dogma de cierta tradición o el mensaje evocador de su intermediario. Ni siquiera es una experiencia o el resultado de una búsqueda premeditada. Todo esto debe ser puesto en suspenso. Como cualquier «dato» que emerge en la Consciencia, incluso la idea misma de Dios, tan solo es una representación que oscila y cambia. El fundamento para el conocimiento de lo verdadero no puede residir en lo provisional.

Primero conviene tomar Consciencia de nuestra profunda impotencia para llegar hasta Él, ya que lo divino no se deja pautar por lo humano. Después, al sentir la caricia de su realidad impenetrable, nos volvemos desnudos y solícitos, como en una espera sosegada. Aguardamos.

Con el abandono de nuestro ensimismamiento y apoyados en la escucha silenciosa, nos tornamos sensitivos y pacientes. Descansando de nuestro orgullo de ser, se desaloja del interior el material burdo y sobrante que lastraba.

Lo que Es puede manifestarse. Una ardiente humildad nos quema, es la Consciencia profunda de nuestra «nada» intrínseca. Se asemeja a la extinción del Nirvana, según dice la tradición. Entonces la luz interior brota, como un reflejo exacto de la luz universal. Es la chispa divina, que prende amorosa en la transparencia de nuestro ser.

Por último, sabiendo que no podemos conocer lo divino frontalmente, nos abrimos enteramente y permitimos que Eso nos (re)conozca. No es una conquista por atrapamiento, es un reencuentro por vaciedad.

«Dentro de la Consciencia sin objeto se encuentra la semilla del Espacio que contiene el mundo».

FRANKLIN MERRELL-WOLFF

Cuando la mente se sumerge en el dinamismo de sus procesos internos –pensamientos, imágenes y emociones– y, por un acto de olvido, descuida el recuerdo de su fuente original, queda oscurecida por un velo. Se aleja de su naturaleza primordial, como si fuera una entidad aislada en el mundo.

Por el contrario, cuando la mente abandona la identificación con sus modulaciones, se despierta a sí misma como Consciencia pura y se reconoce por fin como espacio inconmensurable, vacío y pleno, permaneciendo libre y aquietada.

En la profundización de la Consciencia pura, finalmente realiza su estado de transparencia y se libera de la ilusión de estar escindida. Conoce que todo mora en ella y que ella misma descansa en todo.

«Si nos limitamos a una reproducción exacta, detenemos la evolución del espíritu».

CONSTANTIN BRANCUSI

Cuando despunta a su nacimiento, la Consciencia humana recibe el impacto brutal de la realidad. Este trance causa tormento a su frágil identidad, ya que le obliga a salir del ensueño de lo absoluto. A duras penas el hombre tiene que adaptarse progresivamente a la coraza del cuerpo en la que ha sido encarnado.

Pero, de otro modo, si emprende su maduración blandiendo la luz consciente, podrá expandir y movilizar los recursos latentes de su ser. Concebir cualidades que potencialmente cabe despertar con la herramienta del autodesarrollo.

Es por ello que si lucha noblemente y ama la verdad en su corazón, el hombre podrá re-crearse a sí mismo, extendiendo sus logros hasta confines insospechados.

Bajo la custodia del Universo, el hombre finalmente se trasciende y se torna en copartícipe de su destino.

El sendero de la evolución humana es el camino de expansión de la Consciencia, y su trayecto cosmogónico, una epopeya que no conoce final.

«En esta región, en esta vida, usted adquiere algo, pero la regla de la comarca es que nada de lo que se ha adquirido puede ser sacado de la región».

NISARGADATTA MAHARAJ

El hombre queda aturdido con el lastre de las fatigas y el peso insidioso de los años; la Consciencia, que es sin edad, no. El hombre desea esto y lucha por evitar aquello; la Consciencia, que es completitud, no. El hombre ve transcurrir su vida, desvaneciéndose como sombra de un sueño; la Consciencia, que no conoce el tiempo, no. El hombre, haga lo que haga, a menudo padece la condición de ser errático, sin hogar y destino; la Consciencia, descansando en su florescencia, no. El hombre es un animal inquieto y oscilante; la Consciencia, en cambio, es una luz absolutamente atemperada. El hombre toma la experiencia de vivir y teme la experiencia de morir; la Consciencia –ella misma la fuente de toda experiencia– no.

«Si alguno cree saber algo,
aún no sabe como conviene saber»
1 Corintios, 8,2

La existencia del hombre contemporáneo está abocada a una planificación cerrada, según su actual diseño imperante.

El ciclo del hombre amanece en la infancia y la niñez. Casi presurosamente llega la adolescencia y el período de formación educativa, que se prolonga hasta la juventud. Siendo ya un joven adulto, el individuo habitualmente se une en matrimonio y después se vuelca en la crianza de los hijos. Ya cualificado por la madurez, se entrega al ejercicio intensivo de la profesión, durante varias de décadas de vida. El ciclo vital concluye con la jubilación, el descanso de la senectud y finalmente la muerte. Pero, ¿solo para esto han venido los hombres a este mundo...?

Sin que lo haya solicitado, el hombre encuentra ante sí un recorrido que se realimenta a cada paso, cual cinta transportadora. Un camino programado por la ritualidad del vivir, donde se le prescribe la obediencia a múltiples pautas externas. No puede desviarse en exceso de la norma, so pena de ser estigmatizado.

La cadena social reproduce la «consciencia de masas», y, a través de sus modelos culturales, imprime una cosmovisión irrisoria de la existencia. El mundo como una fábrica de ruido e imágenes vacías, en cuyos hornos trabajan hasta desfallecer los hombres sedientos que aún no conocen el agua verdadera.

La espiritualidad, por contra, nos impele a permanecer en un espacio abierto. Lo invisible que subyace a todo, como una base universal inherente. Puesto que esta base primordial trasciende lo efímero, entonces el hombre, al encontrarla, rebasa cualquier normatividad cultural y social, de orden común. La espiritualidad es conocer la realidad verdadera desde una radical apertura.

Casi por instinto de salvación, tal vez un hombre necesite palpar el contorno de su alma, interrogándose por su verdadero ser, antes de que su vida se consuma...

«Insensato, esta misma noche te pedirán el alma».

LUCAS, 12,20

Vivir en el yo es como vivir cercado. La experiencia de la Consciencia es, sin embargo, rotura del dique interior. Lo que estaba en contracción –yo– queda liberado.

El mundo visto a ras de suelo, como en un rebajamiento. El mundo visto desde arriba, en los aledaños de su altura. El mundo ya sin velo.

Fijarse en la silueta es advertir la apariencia de lo manifestado. Percibir el trasfondo es saber donde descansa la forma: en la esencia del Espíritu increado.

Al hacerse transparente, Dios oculta su relieve.

«Como en una barca, llévanos sobre la corriente».

RIG-VEDA I, 97, 8

¿Qué puede hacer el hombre por su prójimo? ¿Y qué ha de hacer consigo mismo?

A menudo el hombre se cuestiona si lo divino está a su lado, si le escucha y le concierne su dolor, pero muy raramente se pregunta si él camina al lado de Dios.

En su desesperación de amor, yerra y está perdido, porque Dios ha sido destronado de su corazón. Cuando el hombre corta la ligazón del Espíritu, descompone su filiación con lo divino.

Pero cuando se hace cargo de sí mismo con coraje y humildad, permite que la presencia divina vele en su alma. Entonces el hombre se eleva a sí mismo, llevando a su alma a caminar.

Es Dios quien está ayudándolo.

«Todo es todo».
ANAXÁGORAS

La creación recibe sin cesar el impulso renovador de la Consciencia, la cual irriga perenne sobre el cuerpo del mundo.

El hombre, falto de visión, se toma a sí mismo como un todo, pero no ve que forma parte de «algo» que infinitamente le trasciende.

Sin embargo, si se libera de esta visión limitadora, entonces disuelve la falsa imagen de sí mismo y queda reabsorbido en el tejido del Ser. Realiza su naturaleza original.

En realidad no hay hombres –nunca los hubo–, solo Dios que está desplegándose.

«¿Y qué beneficio obtienes si ganas el mundo entero pero pierdes tu propia alma?
¿Hay algo que valga más que tu alma?»
MATEO 16,26

La existencia del hombre puede eventualmente abrirse en un doble derrotero, lo que, sin duda, determinará la configuración de su destino espiritual.

Mediante las interacciones familiares y sociales, el hombre profano construye su realidad. Tiende a concebirse como un sujeto aislado que ha de conquistar su bienestar en el marco de una realidad estática, casi siempre hostil. Su proyecto vital se centra en torno a sí mismo y los suyos. Todo se resume en trabajar intensamente en pro de la satisfacción de los deseos, necesidades y aspiraciones personales. Desde un vitalismo acérrimo, el sujeto «pelea» por acumular experiencias placenteras, a la expectativa de que ello suponga felicidad y bienestar perdurable.

Este es el camino exterior que penetra instintivamente en el tuétano del mundo. Es una incursión propiciada por el deseo y sus derivaciones. Vivir y disfrutar, conquistar la felicidad personal. Es el camino «normalizado» que suele aplaudirse desde la óptica social. En su exteriorización, el hombre común reproduce fielmente el modelo que ha recibido de sus pares predecesores y es premiado por ello. Ocupa obedientemente su posición, cuando suscribe y refrenda la cosmovisión colectiva. Se siente satisfecho. Esta es la dimensión de lo propiamente humano-social.

El camino espiritual, por contra, es la vía negativa por excelencia. En ella, el desarrollo interior tiende a disolver el marco de las formas, vaciándolas de lo superfluo y extrayendo lo netamente esencial.

La dirección del anhelo espiritual se proyectaría verticalmente –no en lo horizontal– hacia la dimensión trascendente del existir. Este es el plano de liberación o el encuentro con lo divino, según sea la perspectiva.

Formalmente, es un camino de renuncia, en el sentido de que el hombre abandona todo aquello que no está alineado con la liberación. Pero no es una renuncia que traiga ansiedad o menoscabo, sino alegría y paz incondicionada.

Según dice el axioma, se renuncia a lo pequeño en favor de lo grande. Se despeja el espacio interno para que advenga lo superior. Todo lo inferior que se abandona, se gana en lo superior. Quién lo probó, lo sabe.

El hombre espiritualmente despierto reconoce la presencia luminosa de lo sagrado *–ver a Dios en todas las cosas–* cuya huella coincide con el envés del mundo creado. Este hombre ya no siente el impulso de alimentar su ego –pues no hay lucha o conflicto– sino en desvelar el tejido conectivo del Ser, el aspecto divino que subyace a todo. Es traído a entrar en unidad y hacerse partícipe de la magnificencia. Incluso no dudará en sacrificar el aspecto grosero de su personalidad, en la medida en que este sea un obstáculo para la revelación de la verdad.

Tarde o temprano, todo hombre consciente habrá de soltar el puntal de su identidad inferior. Tendrá que comprender que su vida ya no le pertenece, pues no es suya. El hombre debe renunciar al mundo si quiere ganar su alma, debe «perderse» para sus solicitaciones vanas, si quiere recibir a Dios. La recompensa del abandono no es la pérdida sino la ganancia absoluta, el encuentro total. Es hallar en la cueva del corazón nuestra preciosa perla interior, como dicen los sufíes.

«Renovaos en el espíritu de vuestra mente».

EFESIOS, 4, 23

El cuerpo y alma del hombre están sedientos.

Al igual que el cuerpo necesita imperativamente del líquido elemento, nuestro alma necesita de un agua genuina y cierta.

Para el alma, este agua sanadora es la Palabra. Fluido espiritual que, colmado de sustento, restaña su herida y lo restaura en lo divino.

Ningún hombre podrá saciar su alma sin antes probar el agua verdadera.

«Todo lo que somos es el resultado de lo que hemos pensado; está fundado en nuestros pensamientos y está hecho de nuestros pensamientos».

BUDDHA

Las palabras están hechas de pensamientos y los pensamientos de palabras. Ambos vienen codificados por la actividad de las células, que se comunican entre sí mediante disparos eléctricos. Estos impulsos se *arborizan* en redes neuronales, miles de millones de conexiones que se pliegan y forman circunvoluciones.

Todas estas redes contienen representaciones, visiones e imágenes que dan significado simbólico a nuestra vida consciente. Dan cuenta de la experiencia humana.

Todo lo que sentimos y pensamos genera una polarización. Lo que decimos y el modo en que lo expresamos –nuestra intención– contiene una carga de energía que se magnetiza hacia un fin. Es atraída por él. Funciona como un bucle y refuerza al emisor que se proyecta en la carga.

Las expresiones verbales, emocionales e intelectuales –la materia prima psicológica– pueden activarse como vibraciones sanadoras y unitivas, o, por el contrario, disgregadoras y separativas, según la intención del emisor. Unas proporcionan paz y bienestar a los interlocutores que las intercambian. Otras, atraen tensión y miedo, conflicto.

Así pues, todo emana energía desde su vértice de luz interior. Si sabe comprender esto, el hombre se habilita para la transformación y puede recrearse como un foco de paz, armonía y claridad suprema.

«No me preguntes hacia donde me dirijo, ya que viajo por este mundo ilimitado, donde a cada paso que doy es mi hogar».

DÖGEN ZENJI

Ser libre de lo que se tiene, libre de lo que no se dispone, libre de lo que se desea y de lo que jamás se poseerá.

Ser libre de lo que acontece, libre de lo que no llega, libre de lo que se pretende y libre de lo que se ignora.

Ser libre de lo que se busca, libre de lo que se evita, libre de lo que se pierde, libre de lo que se encuentra.

Ser libre en uno mismo y libre en los demás –libre al fin en todo–, libre de lo que viene y va.

«Cuanto mejor conozca un hombre su propia ignorancia, mayor será su sabiduría».

NICOLÁS DE CUSA

Existen personalidades que han sido dotadas de una alta capacidad cognitiva, diseñadas para procesar información, memoria y conocimientos con rapidez y soltura. En el lenguaje común, los conocemos como individuos *inteligentes* y *eficientes*. Sin embargo, a veces, estas mismas personas tienen disminuidas sus facultades para percibir sus propias emociones y las de los demás. No pudiendo sentir o conocer nada que les sea ajeno –pues desconocen el significado de la empatía–, están enclaustrados en la celda de su mente.

Otros individuos, menos analíticos, sí pueden tocar las entretelas recónditas de sentimientos y emociones, tanto propias como ajenas, sabiendo conectar con dichos movimientos anímicos. Por contra, a veces no pueden enfocar la realidad con el haz de su pensamiento, con claridad, rigor y creatividad. En el lenguaje común, estas son personas *sensibles* y *sentimentales*.

Y otros, muchos de ellos, no encuentran la actitud y determinación por el cambio, la capacidad de construir su vida mediante el impulso de renovación, adormeciéndose en el vagón de su propia melancolía. Son personas apáticas, carentes de voluntad. Lo contrario son los individuos que conocemos como *tenaces* y *voluntariosos.*

En resumen: *razón, emoción* y *voluntad* son los tres ejes primarios básicos que constituyen al ser humano como un ser integrado. La inteligencia, la afectividad y la volición son sus ámbitos de desarrollo. El hombre es una criatura multidimensional y heterogénea, con múltiples facetas y sutiles aspectos imbricados, ya que posee varios centros desde los que relacionarse con su realidad existencial.

Existe una cuarta dimensión, mucho más infrecuente, que hace referencia a la inclusión de lo que llamamos el *ámbito de lo trascendente.* Esta dimensión rebasa los intereses exclusivos del yo y en ella se aprehende la relación conectiva entre la parte y el todo, entre el individuo y el Universo.

Aquí rige el «nivel de Consciencia» en que cada individuo se halla inmerso, su inteligencia contemplativa o capacidad de discernir las grandes leyes –morales, espirituales y metafísicas– que gobiernan la existencia dada. Al hombre consciente que investiga y finalmente realiza su lugar en el Cosmos, se le conoce como un *hombre sabio* y *despierto.*

Casi todos los seres humanos poseemos algunas de estas características, en mayor o menor medida. Sin embargo, muy rara vez disponemos de todas ellas en proporciones justas y bien atemperadas, conformando una unidad orgánica y bien equilibrada. A menudo sucede que algunos centros están activos y a pleno rendimiento, mientras que otros yacen adormecidos, aislados o directamente bloqueados.

El falso yo o ego suele identificarse solo con uno de ellos, aquel aspecto de la personalidad que le es más grato y que escoge inconscientemente *–mi inteligencia, mi fortaleza, mi carisma–*. Esto es así porque la identificación, a un cierto nivel, compensa otros aspectos por desarrollar. En este plano, el hombre estaría todavía descompensado e infra-desarrollado.

Para arribar a su correcta evolución humana, un hombre debería despertar y alinear todos sus centros, las sedes que se conectan como afluentes de un mismo cuerpo vivo. La Consciencia plena y despierta, culmen de la evolución humana, contiene integralmente todos los niveles y dimensiones que están prescritas en origen. En su ágora interior, el hombre experimenta su verdadera naturaleza y va tallando gradualmente su propia realización.

«No hay nadie que al final no pueda ser salvado».
SADDHARMA-PUNDARIKA

Fuera de Dios, en el estado de Consciencia dormida, se nos pide que entreguemos todo a cambio de nada. Parece que así sea.

Esforzarnos por largo tiempo en tareas ingratas, ayudar a aquellos que sufren, y son tantos. Amar y proteger la vida en lucha continua contra los elementos, soslayando el hecho doloroso de que todo está perdido irremisiblemente, abocado a la extinción. En definitiva, desde esta condición de Sísifo, todo está perdido para el hombre.

Sin embargo, en el estado de Consciencia plenamente despierta –ya inmersos en Dios– vemos que lo que se nos pedía era recibirlo todo por nada. No hacía falta concertar algo concreto con miras a la salvación. No era necesario ir en pos de un logro o una meta efectiva.

Bastaba con saber que solo en Dios estábamos salvos.

«Debes ser vaciado de eso con lo que estás lleno, para que puedas ser llenado con aquello de lo que estás vacío».

San Agustín

El niño, el viejo, el perro y el árbol. Todo lo que adviertas con el ángulo de tu mirada, ya sea burdo o hermoso, tosco o refinado, contiene dentro de sí el Espíritu de Dios, la huella de su Intelecto divino.

Estas formas que emergen a la existencia aún no han alcanzado su estado definitivo, ya que están en fase de transición. Se desplazan por un espacio intermedio que las conduce a su realización efectiva.

La marca de una mirada corrompida y fragmentada solo puede reconocer un mundo corrompido y fragmentado, huérfano de belleza. El foco perceptivo se ha cerrado, la claridad está manchada y su rango de visión no puede interpretar la amorosa luz consciente.

Para poder percibir el estado de Divinidad en el mundo, has de reunir tu mirada y unificarla desde su raíz, llevándola hasta la transfiguración completa. Tu mirada no ha de anudarse a las particularidades accidentales de los seres u objetos (forma, color, aspecto...), sino que ha de recortar su esencia interior y extraerla del cuerpo perecedero. Has de recordar lo esencial que se oculta bajo lo accidental, aquello que la ignorancia de tus ojos ha velado.

En la contemplación de la esencia de cada ser se comprende la creación divina. Aquí nada está abandonado por nada, pues nunca lo ha estado. Así pues, cuídate de bendecir y respetar todo aquello que veas, porque en ello Dios se ha hecho semilla.

«El yo es la raíz, el tronco y las ramas de todos los males de nuestro estado caído».
William Law

El yo es como una vieja red desenhebrada en la que quedan retenidos los pensamientos, imágenes y emociones de un individuo, sin poder fluir.

En el estado de sueño, las cuerdas de la red, trenzadas por ásperos nudos, se tensan con el apego y el aferramiento.

Atrapada en un falso yo, la mente se asfixia y no puede percibir la integridad de su esencia presente y atemporal.

Sin embargo, cuando la mente despierta a través de la meditación, percibe el contorno de su red. Reconoce las ataduras que se había impuesto a sí misma y las deshace hábilmente en un espacio de silencio.

Se libera en la desnudez del Ser.

«Sin poseer la identidad de nuestra alma solidificada, vivimos de una luz prestada».

ANADI

Bien mirado, la experiencia de poseer un cuerpo, de habitar en el caparazón de la carne, es altamente paradójica. Este destino de «entrañamiento» orgánico nos es un tanto ignoto. Nada nos es tan cercano y familiar como la eseidad del cuerpo –la mismidad del yo corporal–, pero nada nos es tan alejado al mismo tiempo. Dicha propiedad del cuerpo se asemeja a una suerte de prisión que nos es familiar, un exilio que sentimos como un aislamiento. La reclusión en torno a nuestro ser.

La experiencia corporal es intrínsecamente dual.

Por un lado, tenemos un cuerpo, y por otro lado, somos ese cuerpo. Moramos en su presencia pero nos hallamos auspiciados por su ausencia. Simultáneamente, estamos llenos de gozo y recelo por él. Dentro de su espacio vivo, somos fuertes y frágiles. Cuerpo que renuncia a ser solo un cuerpo y que revoca su destino. Cuerpo que pide ser Consciencia.

En esta experiencia de habitarse a uno mismo, tomamos contacto con la inconsistencia de lo real, que es la fluidez del incesante movimiento universal. Este bautismo de cada uno para consigo mismo, es la única experiencia propioceptiva que conocemos y que identificamos como nuestra, ya que no podemos recibirnos en el cuerpo de otros seres.

Sin embargo, inherente a nuestro principio de Consciencia, podemos percibir una apertura de la conexión, incluso procurarnos lo que está más allá del cuerpo: el hombre puede conocer aquello de sí que no está en sí. La carne se transpone.

La pregunta sería: ¿puede conocer el hombre algo de sí mismo que no acabe en él? ¿Existe esa instancia? Y, si la hay, ¿cómo puede acceder a ella? ¿Podemos estar seguros de que esa instancia es real y no se trata de la proyección de un deseo o necesidad?

¿Qué habría en el hombre que no fuese perecedero? El alma inmortal, dicen algunas tradiciones espirituales. ¿Pero es el alma una esencia imperecedera que habita en el cuerpo y que lo abandonará cuando este perezca?

Desde una mirada existencial, no teológica, podemos convenir que el hombre aún no existe auténticamente para sí, pues *de facto* vive a la sombra de su propia vida semiinconsciente. Posee una vida que recuerda escasamente y que muy a menudo ignora, por hallarse la mente sumida en distracciones, ensoñaciones y fantasías.

Para que su existencia se torne real y verdadera, el hombre ha de actualizarse a sí mismo: debe trabajar para «solidificar» su alma. Debe traspasar el umbral de la inconsciencia, que es el olvido de sí mismo, y emerger de las sombras para salir al encuentro de su verdadero ser.

En este caso, el alma sí constituye la esencia individual de su identidad superior, la pasarela hacia el Ser universal. Es aquella que, desde la profundidad de su entrega, se conecta con las dimensiones trascendentales de la creación.

El alma no es una emanación de la persona humana: no tiene un «yo» personal dentro de sí misma. Por contra, está libre y vacía, grácilmente sostenida por el principio universal, lo que le hace ser la preferida del Creador: su hija predilecta.

Como un holograma divino, el alma refleja en sí la totalidad, y de acuerdo con su principio de transparencia metafísica, refracta, simultáneamente, el campo de la unidad trascendental de Dios. Este es el secreto de la gran paradoja. Bajo la frágil soledad del cuerpo, experimentamos la conexión con todos los seres y en la iluminación de la Consciencia actualizamos la esencia del alma. Lo finito dando la mano a lo infinito, lo individual que se entrelaza con lo universal.

«Cuando bebas agua, recuerda la fuente».
PROVERBIO CHINO

Al venir a la existencia, recibimos un cuerpo sin haberlo solicitado. Sentimos un latido que no hemos moldeado y nos reconocemos con la luz consciente, en una interioridad que no hemos cavado. Imprevistamente, hemos sobrevenido a la condición de ser.

En vida, el cuerpo se nutre con un alimento que no ha sido articulado por él, sino en la tierra que hornea las semillas, mecidas por el fuego de los vientos. Y este fuego arcaico, benigno y destructor al mismo tiempo, se duerme bajo la caricia de la lluvia, que no ha sido licuada por nuestros dedos. Así pues, todo es de prestado: el cuerpo, el aliento, la vida, la Consciencia.

Finalmente, hemos de retornar el préstamo, pero ¿a quién, que sea el prestamista...? Al no haber nada duradero o que sea de nuestra propiedad, solo cabe experimentar gratitud de ser, devoción y alegría por la eterna magnificencia divina.

«Siendo uno me hago muchos,
y siendo muchos me hago uno».
SAMYUTTA-NIKAYA

Un hombre consciente debe, lúcidamente, retirar su máscara y mirar hacia la verdad. Puede, si quiere, virar la proa de su corazón y, deslizándose entre espejismos, ser conducido hacia la realidad.

Cuando la mente no percibe la verdad, la identidad del individuo se apelmaza en un molde falso y se malogra. Es un sujeto incierto que malvive en su trinchera oscurecida y hasta que no contemple la verdad, no se hará real, noblemente auténtico.

«El hombre es una imagen que comprende todo».

ZOHAR, III, 139B

Cada hombre es cohabitado por una doble naturaleza: la experiencia particular de su biografía en el mundo y, en otro orden, su identidad real en el Ser, la vida del hombre universal.

Antes de que la mente entrase en contacto con la dimensión de la manifestación, la matriz del ser humano era Consciencia pura universal, substancia de luz no cristalizada. Todo era esencia bienaventurada aún no mancillada por la forma.

Después, cuando el hombre ingresa en el mundo, las fuerzas telúricas se activan e imprimen sobre la mente original. Los modos individuales despliegan el impulso de la manifestación, separándole del molde divino.

Debajo de cada ser humano coexiste, sin embargo, un Espíritu que fue creado a imagen y semejanza de lo divino y que potencialmente llegará a ser la simiente de un nuevo hombre universal.

Cuando abraza su naturaleza de perfección inherente, el hombre encuentra su propia redención universal.

«Cuando las cosas anheladas ya no se desean, llegan. Cuando las cosas temidas ya no se temen, se marchan».

LAO TZU

En los momentos de cambio drástico e intenso, en los instantes de mudanza sobrevenida, un hombre debe aceptar «morir».

Cuando degusta el sabor amargo del miedo, el ser humano se aferra instintivamente a lo que conoce. Pero, inevitablemente, en el transcurso de la existencia aprende que no puede esconderse por siempre: ha de exponerse al rigor de la dimensión contingente, donde no existen refugios perdurables.

Si se rinde al poder omnívoro de la impermanencia, un hombre, en asentimiento, puede fluir con el movimiento que lo atraviesa. Al hacerlo, cesa de ser un yo estático y se desanuda a sí mismo, se vacía. Casi por vez primera encuentra su gran oportunidad de no volver a construirse otro escudo. Renuncia a instalarse bajo el peso de un nuevo andamiaje psicológico. Entiende que no posee nada fijo o substancial, pues no hay nada que pueda proteger o defender. Depone su ego ilusorio, en deseo de que emerja la realidad de sí.

Cuando el hombre tolera la inquietud de exponerse al «desvalijamiento» del cambio, de ser saqueado por él, entonces deja de resistirse al flujo entrante de la vida. Más allá de lo que sea y acontezca, le sobreviene un estado de paz y claridad solar.

El cambio permite que degustemos a la muerte por anticipado y podamos soportarla. En vez de ser su esclavo, un hombre libre y desasido cabalga su corriente y se hace su señor. Se libera a sí mismo.

«Amigos, permanezcamos en lo que nunca se va, y permaneceremos».
Marsilio Ficino

Si podemos amar nuestro destino, por difícil que sea este, podemos amar a Dios. Si podemos aceptar que lo divino no se nos manifieste aquí y ahora, tal y como anhelábamos, podemos aceptar «morir». Si podemos aceptar lo inaceptable hasta su últimas consecuencias, entonces aceptamos vivir, tal y como las cosas sean: entregamos las armas y nos hacemos prisioneros de su casa salvífica. Hemos abandonado nuestra cárcel con la llave redentora del conocimiento y el amor. Nos liberamos, somos liberados en el amor.

«Ya no vivo yo, es Cristo que vive en mí».
San Pablo (Gálatas 2, 20)

Un hombre despierto podría preguntarse así: ¿Quién soy yo? ¿cuál es mi identidad verdadera? En este cuerpo que respira, ¿dónde está el fondo último de mi existencia?

Mi ignorancia era pensar que yo existía como un individuo aislado: yo era mi dueño y procurador y me habitaba así desde el comienzo hasta el fin de mis días.

Pero si dejo lo perecedero en lo perecedero, entonces me vacío y en el torrente de mi ser ya no soy yo –no soy mío– pues no me poseo más que tangencialmente.

Se produce un desplazamiento: algo ocupa mi lugar.

Y por fin descubro lo que siempre fue, lo que ahora es, lo que inhabita y alumbra en la Consciencia: la Luz del Ser.

El aliento divino que enhebra infinitamente a la criatura.

«Calímaco, muere para que puedas vivir».
HECHOS DE JUAN, 76

¿Puede haber algo que no haya de morir? La tormenta, la rosa, el amor, la infancia, la luz del día... Todo perece, todo, excepto una cosa: la propia muerte, que no acaba, que no termina, que no conoce su mortalidad. Así pues, cuando entramos en la casa de la muerte, en realidad estamos entrando en lo que no puede morir. Por la muerte nos hacemos inmortales.

«No basta con conocer el misterio, no basta con conocer el sacramento, el individuo debe convertirse en el propio sacramento».

BROCKWOOD, HAMPSHIRE, Julio 2016

¿Qué es este sentir de ahora, en un instante tan inmenso? ¿Este instante quieto, redondo como un fruto? ¿Esta percepción del instante puro y en desnudez? ¿Qué es abandonar, ahora, lo conocido, este recuerdo, aquel deseo, y desasirse –pero sin renuncia alguna, pues todo se afloja suavemente–, ofreciéndolo a lo inmenso? ¿Puede un hombre olvidar su imagen, su forma, su nombre, hacerse extraño a todo ello y desaparecer de su Consciencia? ¿Puede haber en vida una interrupción tan dulce y, seguidamente, brotar de ella con una nueva sed? ¿Qué muere y nace en él? ¿A qué muere y nace él? ¿De quién es esta infinita soledad que lo acoge todo, su pulmón que respira un aire infinito? ¿Es mía o acaso del Universo? ¿Soy yo del Universo? ¿Qué es esta bella y misteriosa humildad de no ser lo que yo fui? ¿Qué es sino alegría y regocijo, levedad de mí? ¿Dónde estaba ella antes de venir aquí, antes de venir a mí, antes de que yo llegara a ella? ¿Cómo puede haber tanta presencia –purísima diáfana intensidad– en medio de esta soledad? ¿Cómo puede haber esta intensidad de ser, en medio de tanto aislamiento? ¿Cómo puede haber una soledad tan acompañada, tan gozosa y sonora? ¿A dónde ir, a partir de ahora, y en busca de qué? Eso sería como rodear y dar vueltas en torno a mi propia sombra, ¿verdad? ¿De dónde viene esta paz, extraña e inmensa, esta calma que aplasta el cuerpo y lo empuja contra la tierra? ¿Esta fuerza que lo clava con su estaca? ¿Esta sensación es el peso eviscerado de la Presencia, en todo y para todo? ¿Cómo puede lo ancestralmente remoto estar aquí y ahora, ya completo, saturándolo todo? ¿Quién lo ha convocado? ¿Estaba dentro de mí mismo y ha manado como un borbotón, o estaba fuera, expectante por dejarse ver, deseoso de brotar? ¿Pudo llegar a través de mí, que estaba abierto y claro? ¿Por qué yo no podía moverme? ¿Por qué enmudeció todo de repente? ¿Los arboles, el viento? ¿Qué mano los acalló, a dónde se fueron? ¿Estaban escuchando, mirándome desde el otro lado de la ventana? ¿Fueron mecidos? ¿Por qué todo fue un rumor que se quemó y se perdió en la tela de la tarde? ¿Por qué se acabó esta desnudez infinita de las cosas? Nada hay que temer, pues todo está ya consumado para nosotros.

El silencio ha abrazado el pequeño cuerpo del yo –el yo de todo y de todos–, la semilla que tiritaba y lloraba como un niño, lo han arropado con un manto. El niño-yo se ha muerto plácidamente, ha desaparecido bajo el manto, se ha colgado del mediodía de los arboles, uniéndose al lomo de la tierra. Su Consciencia ya no es su Consciencia, su cuerpo no está en el cuerpo, su respiración se ha entornado: está en el corazón hechizado de todas las cosas.

«Conocer la verdad, querer el bien, amar la belleza».

FRITHJOF SCHUON

Federico Oliver Vega (nacido en Madrid, el 19 de noviembre de 1974) es un poeta y economista que viene criando la palabra y el pensamiento desde su temprana adolescencia.

En el año 2015 publicó el poemario *Esplendor y Oscuridad* en la editorial Amargord, además de diversos poemas en las revistas poéticas *Nayagua*, de la Fundación José Hierro, y *Kokoro*.

Su escritura propone una indagación en lo profundo, una exploración de la condición humana a través de la palabra y la consciencia.

Entre otras actividades que desempeña, destaca la práctica y enseñanza de meditación budista Vipassana, además de estar comprometido con el estudio de la sabiduría perenne y la espiritualidad en general, entendidas como disciplinas al servicio del conocimiento y trascendencia del ser humano.

KOLIMA
BOOKS

www.ingramcontent.com/pod-product-compliance
Ingram Content Group UK Ltd.
Pitfield, Milton Keynes, MK11 3LW, UK
UKHW021827270726
14058UKWH00001B/23

9 788416 994533